智元微库
OPEN MIND

成长也是一种美好

BEHAVIORAL ECONOMICS FOR LEADERS

实用行为学

50 个 看似荒谬却又十分合理的
职场行为的奥秘

[德] 马蒂亚斯·祖特尔（Matthias Sutter）◎著

宋君霞◎译

人民邮电出版社

北京

图书在版编目（CIP）数据

实用行为学 / （德）马蒂亚斯·祖特尔
(Matthias Sutter) 著；宋君霞译. -- 北京 : 人民邮
电出版社，2024.1
ISBN 978-7-115-63023-0

Ⅰ．①实… Ⅱ．①马… ②宋… Ⅲ．①行为科学—通
俗读物 Ⅳ．① C-49

中国国家版本馆 CIP 数据核字（2023）第 202642 号

版权声明

　　著　　[德]马蒂亚斯·祖特尔（Matthias Sutter）
◆　　译　　宋君霞
　　责任编辑　王铎霖
　　责任印制　周昇亮
◆人民邮电出版社出版发行　　北京市丰台区成寿寺路 11 号
　邮编 100164　电子邮件 315@ptpress.com.cn
　网址 https://www.ptpress.com.cn
　河北京平诚乾印刷有限公司印刷
◆开本：880×1230　1/32
　印张：7　　　　　　　　　　2024 年 1 月第 1 版
　字数：160 千字　　　　　　　2024 年 1 月河北第 1 次印刷
　　　著作权合同登记号　图字：01-2023-1958 号

定　价：59.80 元
读者服务热线：（010）67630125　印装质量热线：（010）81055316
反盗版热线：（010）81055316
广告经营许可证：京东市监广登字 20170147 号

我将这本书献给我的妻子海德伦

以及我们的两个女儿，夏洛特和康斯坦策

致谢

我要感谢来自威立（Wiley）出版集团的理查德·纳拉莫尔（Richard Narramore）和杰茜卡·菲利波（Jessica Filippo），感谢他们出色的指导和许多关于如何改进这本书的有用想法。特别感谢马克·斯韦托夫（Marc Svetov）的流畅翻译，感谢仔细周到的策划编辑金·温普塞特（Kim Wimpsett）。没有诸位的帮助，这本书是不可能完成的。

在这本书的某些章节，我提到了自己的研究项目，如果没有我的同事们在这些项目上的出色合作，它们就不可能完成。我要感谢劳卡斯·巴拉福塔斯（Loukas Balafoutas）、安德烈·吉尔（Andrej Gill）、丹妮拉·格莱茨勒－吕茨勒（Daniela Glätzle-Rützler）、沃纳·居特（Werner Güth）、斯特凡·海格纳（Stefan Haigner）、马蒂亚斯·海因茨（Matthias Heinz）、于尔根·胡贝尔（Jürgen Huber）、萨布丽娜·耶沃雷克（Sabrina Jeworrek）、米夏埃尔·基希勒（Michael Kirchler）、马丁·科赫尔（Martin Kocher）、玛丽亚·维多利亚·莱瓦蒂（Maria Vittoria Levati）、瓦妮莎·默廷斯（Vanessa Mertins）、沃尔弗拉姆·罗森伯格（Wolfram Rosenberger）、海纳·舒马赫（Heiner Schumacher）、马蒂亚斯·斯特凡（Matthias Stefan）、夏洛特·祖特尔（Charlotte Sutter）、斯特凡·特劳特曼

（Stefan Trautmann）以及埃利纳·范·德·海登（Eline van der Heijden）。

其中一些研究项目只有在研究组织的经费支持下才能得以实施，特别是奥地利科学基金会（Der Wissenschaftsfonds）、奥地利国民银行（Oesterreichische Nationalbank）的周年纪念基金和作为卓越战略的一部分的德国研究基金会（Deutsche Forschungs-gemeinschaft）——基金项目号：EXC2126/1-390939966。

我要特别感谢马克斯·普朗克科学促进学会（Max Planck Society），因为自 2017 年以来，它一直为我提供着良好的工作条件。我要感谢位于波恩的马克斯·普朗克集体商品研究所（Max Planck Institute for Research on Collective Goods），感谢我在那里的“实验经济学小组”成员，特别是海迪·摩根斯坦（Heidi Morgenstern）和齐塔·格林（Zita Green），感谢她们的出色合作。非常感谢科隆大学（University of Cologne）和因斯布鲁克大学（University of Innsbruck），感谢它们允许我在短期兼职合同的范围内，一直担任我非常看重的这些研究机构中的一员。

我在献词中感谢了我生命中最重要的三个人。

为什么聪明人的行为很奇怪

为什么个子高的人薪水更高？为什么女性要求加薪的频率比男性低？足够的金钱会诱使我们忽视所有道德问题吗？为什么聪明人的行为很奇怪？

本书分享了行为经济学的迷人见解和研究发现，行为经济学是前沿经济科学中一个相对较新的学科。行为经济学用实证的方法来理解人类行为的动机，并用科学框架来理解职业生活中奇怪异常和令人惊讶的那些事。这包括与职场新人相关的话题，例如，作为求职者，你第一个或最后一个接受面试，对面试结果的影响有多大；以及与董事会级别的高管相关的话题，例如，随着你在组织机构中的晋升，为什么社交技巧在你的职业生涯中发挥着越来越重要的作用等诸如此类的问题。本书还涉及一些争议性议题，如公司的雇佣和晋升配额是否合理，以及工资是否应该公开等。

行为经济学主要以经济实验为基础，在这些实验中，真实的人类在精确定义的条件下做出相应决策，这些条件都会产生实际后果（例如，以金钱、声望或其他无形的奖励的形式）。通过系统地改变条件，你可以充分了解真正驱动人类行为的因素有哪些，以及人们在不同条件下会做出怎样的反应，无论他们对自己的行为做出何种解释。

本书中描述的许多发现都基于在"真实的"企业和组织内部进行的田野实验。例如，在这本书的后面，我描述了一项田野实验，在这项实验中，我们租用了一个呼叫中心，雇用了大约200人在那里工作。而与田野实验一样，实验室实验在行为经济学中也发挥着至关重要的作用。它们通常需要学生在计算机实验室里进行，其报酬取决于他们所做的决定。虽然田野实验更接近日常生活的现实，但实验室实验是研究人类行为不可或缺的补充。本书中有一章与我进行的一项研究有关，这项研究涉及性别配额对女性竞争意愿的影响。

田野实验和实验室实验总是关注人类行为如何对激励（货币和非货币）做出反应，因为这个问题贯穿了我们职业生涯的始终。本书通过对个体和组织的相关观察和见解，识别出从初入职场到职业生涯后期各阶段令人好奇和不安的人类行为。

20多年来，我在行为经济学中的研究重点一直聚焦于人们职业生涯的各个阶段。我的研究发现往往出乎意料，与预期相矛盾（例如，配额的影响）。这就是我喜欢这一研究领域的原因。我可以通过观察实验数据并在必要时修正它们来挑战自己的预期，有时挑战的是我的偏见。

20多年前，在申请学生助理职位时，我首先做的是去书店寻找关于"如何写简历"和"如何面试"的专业文献。几年前，当我被任命为拥有近100名员工的马克斯·普朗克研究所（Max Planck Institute）所长时，我查阅了与高效员工管理和员工评估相关的书籍。

尽管这些书中的指导建议在以上两种情况下都对我有所帮助，但我也意识到其中的观点是有限的，有时是片面的。我所缺少的是一种重要的、有远见的想法，即哪些因素在职业生涯中是真正重要的——无论是对初入职场和即将退休的人，是对中层管理人员和董事会成员，是对员工和雇主，还是在同等程度上对在所有这些不同角色中的男性和女性而言。我在本书中将这种更深刻的见解称为"人的因素"，这一事实乍看起来微不足道，但我们的职业生涯总是与易犯错误的、复杂的人类有关。你通常需要仔细观察它，才能理解它和什么有关。

在过去的几十年里，世界各地的行为经济学家为"聪明人为什么行为怪异"这个问题提供了丰富的答案。我在本书中与你分享这些见解，希望你能像我一样发现它们既有启发性又令人兴奋。有时它们让人惊讶，且总能发人深省。

在我们开始之前，让我就如何使用这本书做一个简要的说明：书中每章都有一个重要发现，可以独立于其他章进行阅读和理解。在接下来的 50 章中，许多章都以一个短小的故事开头，以阐明该章的主题。这些故事大多是虚构的。（虚构人物和真实人物的区别在于，只有真实人物有名有姓，而虚构人物则有名无姓。）尔后，我会根据当前的研究，解释这个故事的有趣或重要之处，并提出将其应用于日常工作的建议。

我祝愿所有的读者，从初入职场的新人，到经验丰富的员工，一直到首席执行官（CEO），都能获得一次愉快而有益的阅读体验。

马蒂亚斯·祖特尔（Matthias Sutter）

目 录 CONTENTS

附录

─────────

第1章
为什么身高越高工资就越高

工资取决于许多因素，如受教育程度、先前的工作经验和承担的管理责任。你的身高应该与之毫不相干，但令人意想不到的是，身高似乎很重要。

当你观察德国大型上市公司的执行董事会和监事会时，你看到的主要是身高相对较高的男性。德国邮政（Deutsche Post）的弗兰克·阿佩尔（Frank Appel）身高为 6 英尺 6 英寸 ①（相当于 1.98 米）。安联集团（Allianz）的米夏埃尔·狄克曼（Michael Diekmann）身高约为 6 英尺 2 英寸（相当于 1.87 米），也高于德国男性身高的平均水平。自第二次世界大战以来，大多数美国总统的身高都高于美国男性的平均水平。军队里的将军通常也较高，甚至据说就连拿破仑也要比他的普通士兵个子高，虽然人们传说他身材矮小。

因此，成功的男性似乎比一般人高。从劳动力市场调查

---

① 1 英尺 =0.3048 米，1 英寸 =0.0254 米。——编者注

得知，高个子男性的平均工资也要比矮个子男性高得多。虽然身高在战场上可能确实是一种优势，但问题是：为什么高个子男性在其他地方会赚得更多？经理、信息技术专家或企业家的身高应该与其工资无关。但数据却告诉我们，事实并非如此。来自美国和英国的研究表明，比平均身高高 4 英寸的男性每年的工资比平均工资高约 10%。推算到一个人的整个职业生涯，这种收入差距加起来很容易就能达到六至七位数。

宾夕法尼亚大学（University of Pennsylvania）的安德鲁·波斯尔韦特（Andrew Postlewaite）和他的同事们研究了为什么个子高对收入有积极影响。他们调查了美国和英国出生于 20 世纪 50 年代末或 60 年代初的两组男性样本。由于这个年龄段的女性的职业生涯与男性不同，身高对男性的影响可以被更精确地估算出来，因此波斯尔韦特等人专门对男性进行了分析。但个子高对女性也有积极作用，就女性双胞胎而言，个子较高的那个人能在收入上比她个子较矮的孪生姐妹高出好几个百分点。

在试图解释身高对工资的影响时，我们可能会从一个天真的假设开始，即雇主更喜欢高个子的人，因此会付给他们更多的工资。在更早的时候，即在大多数体力劳动还不是由机器完成的时代，这在军事或工业领域可能是一个合理的论点。然而，在如今这个经济高度工业化的时代，这种情况已不复存在。所以，肯定还有其他原因。第二种假设是，高个子男性与矮个子男性来自不同的家庭，这就是造成他们收入差异的原因。事实上，较矮的男性通常来自子女较多的家庭，这些家庭中父母的受教育程度往往低于较高男性的父母。但是，即使在统计分析中考虑到这些家庭背景差异（例如，只观察子女数量相同、父母受教育程度相同的家庭中的男性），结果仍然是个子高约 10 厘米，会导致几乎 10% 的收入差异。对其他假设的回顾证实，即使考虑到健康和认知能力（如智力测试）等因素，身高与工资之间的相关性也是持续存在的。

波斯尔韦特的研究通过进一步分析得出了两个基本发现。第一，重要的不是一个人成年时的身高，而是其在青少年时期，即 15 至 16 岁时的身高。有些青少年在那时已经比较高了；另一些人则会在晚些时候经历一个生长突增期。那些在这个年龄段相对较高的人后期比那些在十几岁时较矮的人赚得更多，不论他们成年后的身高如何。未来的雇主通常不会掌握雇员在青少年时期的身高信息，所以该信息对雇主来说没有任何意义（也与智商无关）。

波斯尔韦特的第二个发现抓住了问题的核心。个子较高的青少年会参与更多的社会活动和社会交往。例如，他们更频繁地加入各种俱乐部（如体育或文化俱乐部）或学生组织，这能培养和训练他们所谓的非认知能力，如团队合作能力、耐力和毅力、妥协能力和领导能力。这些能力品质在职业生涯中非常重要。波斯尔韦特的研究证明，当我们在研究分析中考虑到青少年时期的活动时，身高和工资之间不再存在统计学上显著的相关性。身高作为一种人力资本，有助于人们习得社交技巧，而这种人力资本会让一个人在成年后获得更高的工资。

小结

人们普遍认为，工资数额取决于人们的工作技能和以往的工作经验。但至少对男性来说，身高也会对工资产生影响。个子较高的人在十几岁时会建立更大的社交网络，习得更多的社交技巧。这让他们在以后的人生中能得到更高的工资。

第 2 章
为什么求职面试对女性来说更难

在劳动力市场上，男女平等还远远没有实现。从求职面试开始，女性就已经处于劣势。下面，让我们走进艺术、娱乐和学术等级制度的幕后，看看其中的故事。

　　小提琴手登上舞台，走向舞台中央，地板上铺着厚厚的地毯，舞台上只有小提琴手一个人。听众席的帷幕已经拉上，扩音器里传来要她开始演奏的指令。这位女士选择了约翰·塞巴斯蒂安·巴赫（Johann Sebastian Bach）的一首曲子，她把琴弓放到琴弦上，全神贯注地开始演奏。这旋律听起来宛若天籁，但是，是谁在听呢？

　　听众席的帷幕后面坐着五个人，他们认真聆听着每一个音符。他们不知道是谁正在为竞争他们管弦乐队小提琴手的空缺职位试奏，不知道演奏者是男性还是女性，是年轻人还是老年人，其肤色如何。由于舞台地板上的厚地毯吸收了脚步声，评委们无法根据高跟鞋发出的咔嗒声来猜测小提琴手的性别。这五个人的任务只是为这个空缺职位找到最合适的人选，不论他（她）是男性还是女性。

如今，世界各地的许多管弦乐队都在为空缺职位进行类似的试奏。为了确保所有性别的任何音乐人（无论是什么肤色的人种）都有平等的参与机会，试奏以盲选的形式进行。顾名思义，这意味着遴选小组将完全根据听到的旋律来决定谁将获得这份工作。这会增加女性被雇用的机会吗？

芝加哥交响乐团（Chicago Symphony Orchestra）和纽约爱乐乐团（New York Philharmonic Orchestra）等美国顶级管弦乐团的职位空缺填补数据显示，盲试为聘用更多女性做出了重大贡献。与没有盲试的招聘程序相比，盲试使女性在多个阶段的选拔过程中进入下一轮的可能性增加了约50%。到了最后一轮试奏，女性在盲试中的胜出率几乎是非盲试的两倍。换句话说，盲试可以避免性别歧视。

尽管许多管弦乐团正开始使用这种方法，但一般情况下，企业的招聘过程并不是以盲选形式进行的。现实恰恰相反，通常，某个人在申请一份工作时，简历上的名字或面对面的工作面试不可避免地会泄露诸如性别、年龄和种族等个人特征。当然，在填补职位空缺时，除了专业资格外，候选人给人留下的个人印象也很重要。大多数人认为，参与招聘过程的各方之间的"化学反应"必须是对的。然而，经验证明，在这种情况下，认为招聘人员可以忽略求职者的性别，是一种幻觉。对意大利和西班牙学术晋升情况的新研究表明，招聘委员会的性别构成是造成这种情况的原因之一。

在这两个国家，空缺的学术领导职位的候选人必须通过政府组织的遴选程序选拔。换句话说，他们必须向所在领域的学者小组推荐自己。华威大学（University of Warwick）的曼纽尔·巴格斯（Manuel Bagues）和他的同事们基于8000多名小组成员参与的10万多份申请手续，调查了女性的工作录用机会是如何受到遴选小组中女性人数的影响的。你可能会下意识地认为女性在小组中占更大的比例对女性候选人来说是一种优势。然而，针对意大利和西班牙的研究并没有证实这一假设。相反，遴选小组中有更多的女性成员实际上会降低女性候选人成功的概率，尽管降低的程度很小。

对此的解释是，尽管女性遴选小组成员对女性候选人的平均评价高于男性成员，但一旦遴选小组中有女性，男性成员对女性候选人的评价就会更加严苛。这一结果似乎表明，遴选小组中的男性会对聘用女性候选人持更加强硬的态度，因为小组中已经有其他女性成功"登顶"了。不仅是在学术界，其实，在许多领域中，重要决策实体（如遴选小组）中的女性人数配额都是强制性的，这种做法可能会对女性求职者产生意想不到的不良后果。

小结

如果女性担任负责人职位的比例已经相对较高，那么在求职面试中，男性对女性的评价就会变得更加负面。因此，如果女性在员工遴选小组中所占人数较多，往往会给女性应聘者带来某种不利的影响。

第 3 章
为什么居家办公可能有损你的职业生涯

新型冠状病毒肺炎（COVID-19）疫情导致工作地点发生了前所未有的变化，迫使数百万甚至数十亿人居家办公。尽管在疫情暴发前，居家办公常遭人质疑，但现在它已被人们广泛接受。因此，我们想要深入了解它的利弊，尤其是它对你的职业生涯意味着什么。

布赖恩（Brian）多年来一直在一家知名研究机构做文字编辑。随着疫情的到来，他已经改为整整一周都居家办公，而在疫情暴发之前，他通常一周在办公室工作四天。当疫情席卷全球工作场所时，他的老板海迪（Heidi）并不确定布赖恩居家办公是否会像在办公室工作那样优质、高效。鉴于年轻的研究人员能从布赖恩对其科学文稿的修订中获益匪浅，布赖恩的工作能一如既往地出色，对他们的研究发表乃至职业发展前景都至关重要。到目前为止，海迪、研究人员和布赖恩都对新的工作安排非常满意。

在疫情暴发之前，居家办公方式的采用率已在全球范围内呈上升趋势。例如，在美国，在疫情席卷全球前的 30 至 40 年间，在一周内的某几天进行远程工作的员工比例增加了五倍。与之类似的是，在德国和奥地利约有 50% 的员工居家办公，尽管他们通常每周只有一天会居家办公。由于疫情的到来，居家办公的人数进一步增加，达到了几乎前所未有的水平。当然，这种发展不仅仅在某种程度上是由社交距离的限制强加给我们的，而且由于世界的日益数字化，工作地点也变得越来越无关紧要。居家办公的趋势还由于环境因素而受到欢迎，因为它减少了家庭和工作场所之间的通勤交通。

站在员工的角度，居家办公可以让工作与生活之间更加平衡。站在雇主的角度，居家办公需要的办公空间更少，从而可以为他们节省资金。然而，许多雇主可能会质疑，员工居家办公的效果是否足够好。员工利益保障部门发现，如果员工居家办公的时间过长，他们就有被孤立和变得孤独的风险。因此，雇主或员工对居家办公赞成与否，取决于他们看待问题的角度。

想要评估居家办公，遇到的问题之一是几乎没有任何证据表明其中存在因果效应，因为几乎所有的研究都因存在选择问题而有缺陷。这意味着，那些要求居家办公并借此机会这样做的人与那些不要求居家办公的人是不同的。在理想的情况下，要么允许那些想居家办公的人居家办公，要么强迫他们继续在公司的办公室里工作。这将消除选择问题，只要在办公室或在家里进行的工作内容实际上是相同的，那么居家办公的因果效应将变得可以衡量。

甚至在疫情暴发前，斯坦福大学（Stanford University）的尼古拉斯·布卢姆（Nicholas Bloom）等人进行的一项研究就满足了这些条件。他们以中国的一家规模很大的旅行社为样本开展了研究。在研究过程中，该旅行社上海分公司的约1000名员工能够选择他们是否愿意每周居家办公4天。500名对此感兴趣的员工被随机分为两个小组。其中一组的250名员工必须在9个月内每周居家办公4天，而另一组的250名员工必须每周5天都在办公室工作。两组员工的工作内容都是相同的，均包括接听电话，预订个人行程、跟团游和商务行程。两组员工的报酬和工作时间完全相同；唯一不同的只是工作场所。

在这9个月中，前一组员工的工作效率因远程办公而提高了13%，这主要是因为远程办公让员工的休息时间减少，在一定程度上也因为每个班次处理的电话数量增加了。居家办公的员工对工作的满意度也更高，他们在职的时间也更长。在当时看来，一切顺利。然而，居家办公有一个很大的劣势，只有在对数据进行更加详细的分析时才会显现出来：在公司办公室工作的员工获得晋升（例如，晋升为团队负责人）的频率要高得多。哈佛大学（Harvard University）的纳塔利娅·伊曼纽尔（Natalia Emanuel）和埃玛·哈林顿（Emma Harrington）在疫情期间对美国一家大型在线零售商进行的一项研究，揭示了类似的效应。居家办公让员工的工作效率提高了近8%，但员工在居家办公时获得晋升的可能性却下降了10%以上。

因此，晋升机会减少是居家办公的一项副作用，这一点不应该被低估。在办公室里比在家里更容易建立起有利于自己职业发展的人际关系网，布卢姆等人的研究表明，绝大多数居家办公的员工都希望能重返公司办公室上班。从公司的角度看，由于工作效率的提高，让员工居家办公得到了很好的回报。

根据疫情期间获得的经验，可以预期的是，居家办公仍将是我们工作和生活中必不可少的一部分。尼古拉斯·布卢姆等人以及伊曼纽尔和哈林顿的研究告诉我们，居家办公本身并无好坏之分，关键在于要平衡好它对雇主和员工的利弊。

小结

居家办公在许多情况下可以提高工作效率、增加工作满意度，因为它有助于维持生活和工作之间的平衡，同时消除日常通勤的麻烦。然而，居家办公也会带来风险，即晋升的可能性会变小，因为员工在家里建立人际关系网比在公司里要困难得多。

第4章
为什么社交技能现在比十年前更有价值

仅对专业内容进行培训已不足以使你获得一份固定工作并拥有丰厚的薪水。除了技术能力或分析能力外，你最好能掌握工作中的一些社交技能，例如，能够与其他团队成员协调工作或在困难的情况下寻求妥协。这样的技能在劳动力市场上的需求越来越大，而且肯定会给你带来加薪机会。

在我的学术生涯开始之初，我有一个观点——事后看来，它非常天真——成功的研究完全取决于好的想法，而且从中长期来看，这些想法几乎会自动盛行起来。当时我没有意识到，必须定期向国际学术界的同仁展示自己的想法，必须充满热情地捍卫它们，而且必须根据他们的反馈来调整和改进自己的想法。后来，我逐渐明白了这个过程与在顶级经济学期刊上成功发表论文的相关性。大约25年前，我不得不学会的另一件事是，好的研究越来越多地来自团队合作，它很少是一个人能完成的。我很幸运地找到了马丁·科赫尔这位杰出的合作伙伴，他现在是奥地利劳动和经济部部长。我们一起边喝茶边讨论，开诚布公地指出研究中的不足之处，改进了我们的研究项目——有时我俩必须说服我们中的另一个人，让他相信选择一条不同的路径会更好。我们对项目的工作步骤进行分工，极大地提高了工作效率。在意见不同时，我们会寻求妥协，对此我俩总是都有清醒的认识——这就是我们总能达成妥协的原因。喝茶的晨会让我很早就明白了社交技能在当今职场中的重要性。

劳动经济学的最新研究证实了社交技能的重要性，并表明，在过去的30年间，社交技能变得越来越重要。这是因为例行公事的活动的比例一直在下降，至少在发达工业国家是这样。能够严格按照计划进行的活动越来越少。伴随着这一发展态势，社交技能的重要性日益上升。社交技能基本上由以下四个因素来界定。

- 必须协调不同人员的活动以有效执行工作步骤的知识。
- 在利益冲突的情况下找到平衡或达成妥协的能力。
- 说服人们接受更好的解决方案的能力。
- 洞察到其他人对问题有不同看法的能力以及设身处地为他人着想的意愿。

哈佛大学的戴维·戴明（David Deming）使用了1万多名

美国人的职业数据，调查社交技能如何以及在多大程度上能在就业市场上带来回报。他的数据集包括相关人员的教育信息以及关于他们社交技能的问卷。他的分析表明，研究对象的受教育程度和所接受的培训——笼统地说，即认知技能——在其中发挥了至关重要的作用。那些受过高等教育的人更有可能拥有一份（全职）工作，赚更多的钱。这些发现并不令人惊讶，而且在世界范围内都是如此。然而，不管认知能力如何，社交技能也会产生一些可以衡量的影响。如果将认知技能保持不变，并将一个社交技能一般的人与在人群中占比20%的拥有最佳社交技能的人（基于社交技能指数得出的数据）中的一个进行比较，后者拥有一份（全职）工作的可能性会高出5%，收入会高出4%。同样值得注意的事实是，社交技能给受过高等教育的人带来的好处比受教育程度较低的人更多。因此，教育和社交技能是相辅相成的。如果你更有能力，更高级的职位就会向你开放，在这些职位上，你必须能够与人打交道，才能富有成效地工作。

戴明研究的另一个重要见解是，在过去几十年里，社交技能已经越来越多地转化为经济效益。如果将 20 世纪 80 年代末 25 至 35 岁的员工与 21 世纪前十年末的同龄员工进行比较，就会发现，社交技能带来的工资增长（在教育水平和行业水平相同的情况下）大约翻了一番。在 20 世纪 80 年代，更好的社交技能只能带来大约 2% 的工资增长，而到了 21 世纪，这一增长已达到 4%。因此，社交技能所带来的回报越来越高，预计这种趋势在未来将持续存在并得到加强。

小结

　　工作环境越复杂，社交技能就越有价值，因为工作越来越需要一个人能有效协调团队成员，满足他们的不同需求和想法，并解决矛盾冲突。这些技能越来越多地得到劳动力市场的回报，并带来更好的职业机会和更高的薪水。

第 5 章
为什么弱关系比强关系更重要

————

开启职业生涯是一个人一生中最激动人心的时刻之一。在多年的寒窗苦读之后，将学到的东西付诸实践的时刻终于到了。不过，并非每个人都能一帆风顺，毕竟找工作并不是那么容易的事。社交网络可以为你成功开启职业生涯带来重大帮助。

　　毋庸置疑，良好的教育是一切成功的职业生涯的基础。美国劳工统计局（Bureau of Labor Statistics）收集的收入数据清楚地表明，受教育程度更高的人通常收入也较高，且失业风险较低。高中毕业生的平均年薪约为 3.7 万美元；有学士学位的人平均年薪为 6 万美元；而拥有博士学位的人平均年薪则达到了 9 万美元。所以，教育能为我们的职业生涯带来回报。当然，这里提到的数字是指那些积极参与职业生活的人，他们已经克服了进入劳动力市场的障碍。这些数字并没有透露任何关于如何进入职场的信息。然而，想要获得职业成功，首先就要迈过进入职场的门槛。

在美国，约 20% 的受访者表示，他们找工作时会向家人和亲戚寻求建议和帮助。超过 50% 的人说他们是通过社交网络找到工作的。上述事实证明：大多数美国公司都有推荐计划，要求在职员工向公司推荐可能合适的候选人。社交网络在选择员工或找工作方面发挥着至关重要的作用。两项有趣的研究展示了社交网络是如何发挥这种作用的。

塔夫茨大学（Tufts University）的劳拉·吉（Laura Gee）等人研究了某知名社交网站的 600 多万个账户，以探究如下问题：该社交网站对人们在哪里找工作是否发挥了作用？与个人社交网络中的其他人建立强关系（或弱关系）是否重要？强关系（或弱关系）到底是多了好还是少了好？关系的强度可以通过两个人互相发送消息的频率或他们共同的联系人（"朋友"）的数量来衡量。研究表明，两人之间的关系越牢固，他们最终去同一家公司工作的可能性就越大。因此，稳固而密切的人际关系对在某家公司找到工作有重要影响。然而，有趣的是，总体而言，大多数人是通过相对较弱的关系（在社交网站上几乎不互发信息，也几乎没有共同好友的人）找到工作的。在一些个案中，更牢固的关系有更大的影响，但如果统观全局，较弱的关系则会产生更大的影响。这乍一看似乎矛盾，但可以用这样一个事实来解释，即绝大多数人只拥有少数非常密切且牢固的关系，同时有着许多相对较弱的关系。有着较弱关系的双方之间存在较大的社会距离，通过这些关系，他们能获得在正常情况下无法得到的信息。这就使得弱关系在找工作时能发挥至关重要的作用。

阿尔伯塔大学（University of Alberta）的劳雷尔·惠勒（Laurel Wheeler）等人最近的研究提供了一些证据，表明社交网络能在很大程度上帮助受教育程度较低和较贫穷的人找到工作。惠勒和她的团队进行了田野对照研究，在这项研究中，求职者（生活在南非城市的贫困社区）被随机分为两组，参加为期 6 到 8 周的职业入门项目。在这 6 到 8 周中，其中一组得到了 4 小时的培训，学习如何使用某全球知名的职业社交网站。他们学习的内容包括如何开设账户、如何与他人建立联系、如何发帖，以及如何更好地撰写简历，并让他人帮助认证自己发布的信息等。另一组没有接受这样的培训（尽管这一组中有一半的人在该网站上有账户）。项目结束后，研究人员发现，对第一组人的培训使其找到工作的可能性增加了 10%。项目结束整整一年后，两组之间的差异几乎仍然保持不变。第一组接受培训的人成功的原因可能是各种各样的。这个小组中的成员都在寻找全职工作，而且范围更广；他们更彻底地研究了其他人（即他们在劳动力市场上的竞争者）的职业档案；他们为自己创建了更吸引眼球的个人资料，并拥有更大的人际关系网。人际关系网是有帮助的，因为很多空缺职位都是由已经在公司工作的员工推荐而得到填补的。

小结

社交网络可以帮助你开启职业生涯，因为劳动力市场上宝贵的就业机会是通过社交网络传递的。强关系格外有用，但其数量比弱关系要少得多。培训人们熟练使用社交网站可以显著增加其就业机会。

第 6 章
为什么严格安排一天的计划有助于你找到新工作

想要找到新工作并不容易。在有些国家，行为经济学家建议公共就业机构帮助失业者重新找到工作，其中的运作过程是怎样的呢？

英国前首相戴维·卡梅伦（David Cameron）可能会因为发起英国退出欧盟（Brexit，简称"脱欧"）公投而被载入史册。但他还发起了一个项目，是一项有关行为经济学的实验，即在他的政府中设立一个所谓的"助推小组"。该小组被称为"行为洞察小组"（Behavioral Insights Team），由一群经济学家和心理学家组成，负责处理政府如何在不修改法律的情况下，以更高效、更节约资源和更利于公民的方式实施政策的问题。所谓"助推"，是指在正确的方向上轻轻推人们一下，从而让他们改变自己的行为。

助推小组取得的最引人注目的成就在税务管理方面。例如，一则简单的公告让每个人都知道了有 90% 的公民按时纳税。这个方法改善了大多数人对纳税的感受，成本不高，就使财政部轻轻松松多征收了数千万英镑的税款。除了税务管理外，助推小组还关注为失业者找工作的问题。

助推小组在多个地区帮助英国就业服务机构以不同的方式为求职者提供咨询。与提供传统的培训课程和空缺职位信息不同，顾问们制订了详细的日程安排，并帮助失业者遵守时间表。例如：

上午 7:30 ：起床。

上午 8:00 ：吃早餐，浏览招聘广告，搜寻空缺职位。

上午 9:00 ：更仔细地研究其中 5 个最吸引人的广告，并在网上找到有关这些公司的详细信息。

上午 10:30 ：给最有吸引力的公司写求职信。

中午 12:00 ：吃午餐。

下午 2:00 ：修改简历，并附在求职信上。

下午 3:30 ：创建求职申请文件夹，里面包括 3 个最吸引人的工作机会所需要的所有文档。

这样的咨询方式背后的心理学概念被称为"执行意图"。为了实现意图——找到工作——你需要明确步骤，以接近你的目标。结果是，失业者确实会投入时间去找工作，但令人惊讶的是，尽管人们可能认为失业者有很多时间，但他们在找工作上投入的时间太少了。而在有执行意图的情况下，温和的助推包括通过细小的、可管理的步骤引导个体朝着正确的方向前进，且无论下一个步骤是什么，都会向参与者解释清楚。该项目表明，以这种方式获得帮助的求职者比以传统方式获得帮助的求职者更有可能再次找到工作。

南非的一项劳动力市场研究证实，制订计划有助于求职者找到新工作。与没有具体的求职计划相比，有求职计划会促使求职者发出更多的求职申请，并将申请扩展到更多的行业，从而对求职者产生积极影响。因此，有求职计划的人会收到更多的面试邀请，获得更多的工作机会，并且在收到关于制订计划的建议后的 5 至 12 周内，他们再次就业的可能性会更高（接近 30%）。

提前一天为申请目标职位做好计划是获得面试邀请的一种方法。另一种选择是参加招聘会，并在那里参加面试。尽管世界各地的职业中介机构通常会告诉失业者有关招聘会的信息，并为他们提供面试预约服务，但这些工作机会往往没有得到后续跟进。那么，如何才能让人们通过参加中介机构推荐给失业者的招聘会来抓住机会呢？英国对此进行了一项田野研究。研究人员通过发送短信的方式，提醒求职者附近正在举行招聘会。但求职者收到的短信内容并不相同。在标准信息（变体1）中，短信接收者会被告知招聘会的地点和时间，以及与一个特定公司的面试预约。作为标准信息的一种替代形式，还有一种个性化版本的短信，里面要么写了短信接收者的个人姓名（变体 2），要么附有职业中介机构代理人的签名（变体 3）。变体 2 和变体 3 把求职者到场参加面试的可能性从 10% 左右提高到了近 20%。不过，短信的第 4 种变体效果最好，在这种变体中，一位代理人明确指出，她十分努力地为短信接收者预约了面试，祝愿对方在面试中取得成功，并请求在面试后得到一些反馈。该变体使短信接收者参加面试的可能性上升到了近 30%，是变体 1 的三倍。

这种改善从何而来？最成功的变体 4 要求短信接收者进行互惠行为，简单地说，互惠意味着"礼尚往来"。如果代理人花了很多精力为失业者安排面试预约，这意味着失业者在道德上有义务对代理人的努力做出反应，并参加求职面试。

小结

帮助失业者找工作的通常做法始于提供具体的职业技能培训。而行为经济学的替代做法则基于这样的发现，即详细的日程安排和代理人与求职者之间的互惠关系至关重要。求职者在寻找新工作时应该考虑这一点。

第 7 章
为什么姓氏按首字母顺序排在后面会给你带来不公平的优势

收到面试邀请是求职成功的第一步。一些小事情，比如你的姓氏，可以在其中发挥大作用。

我已经用祖特尔这个姓氏活了 50 多年了，它是我身份的一部分，我喜欢它。当然，上小学时，我并不总是因为我的姓氏以 S 开头而感到兴奋。班级名单是按姓氏的首字母顺序排列的，所以我一直被排在接近最后的位置（通常是倒数第三或第四）；老师分发课堂测试成绩单时，我总是很晚才知道我的成绩，与姓氏的首字母在字母表上排位靠前的同学相比，我不得不用更长的时间应对等待成绩这种令人不安的悬念。后来，在大学读书和军队服役期间，我们也都按姓氏的首字母顺序排队。这就是我在成年后认为我的姓氏更像是一种劣势而不是优势的原因。在我所在的学术领域，一篇文章的作者名通常也按姓氏的首字母顺序排列，这一事实因此得到了强化。祖特尔排在名单的后面，而我尊敬的两位同事，比如苏莱·艾伦（Sule Alan）和加里·查尼斯（Gary Charness），排在名单的前面。

但这些年来，我发现我的姓氏在求职面试中也有优势。在我参加的大多数申请程序中——比如在不同大学担任教授职位——候选人的顺序由任命小组根据其姓氏的首字母顺序决定。在缺乏另一种明确的制度的情况下，用姓氏首字母决定先后顺序在许多程序中普遍存在，甚至在学术界之外也是如此。事实上，在招聘程序中我会被安排在靠后的位置接受面试，有时还作为最后一个候选人接受面试，这为我的胜出概率带来了积极的影响。我不能抱怨自己在职业生涯中缺少工作机会。令我自豪的是，我在求职申请程序中的成功与我的学术成就有关，但我的姓氏很可能对此也有一些贡献，这是有科学依据的。因为我是古典音乐的狂热爱好者，所以我想用一个音乐比赛的例子来说明这一点——在比利时举行的伊丽莎白女王钢琴比赛。它是世界上最负盛名的比赛之一，之前的获奖者包括弗拉基米尔·阿什肯纳齐（Vladimir Ashkenazy）和瓦列里·阿法纳西耶夫（Valery Afanassiev）等著名钢琴大师。

比赛由几个阶段组成。在最后的决胜阶段，有12名钢琴家争夺冠军。获胜者不仅可以获得奖金，而且可以拥有在多场音乐会上演出的机会，这是他们职业生涯中一块十分耀眼的敲门砖。在钢琴比赛的最后一轮，12名参赛者被安排在6个不同的夜晚进行表演，每晚有两位选手展示他们娴熟的钢琴演奏技巧。评委小组由该领域的专家构成，类似于学术任命小组或公司的空缺职位遴选委员会。每位评委分别对每位选手进行评分，然后根据选手的个人得分确定获胜者。决赛选手的表演顺序是随机确定的，比如，任意抽取一个字母，从这个字母开始，按选手姓氏的首字母顺序排序。所以，如果抽到的字母是 M，则先由姓氏首字母为从 M 到 Z 的所有决赛选手依次表演，然后再由从 A 到 L 的选手表演。

任何进入这场比赛决赛的人都可以说是其年龄段中最好的音乐家。由于出场顺序是随机的，而且艺术家的姓氏不太可能是其演奏技术的一部分，所以表演顺序应该对比赛结果没有影响。但根据维克托·金斯伯格（Victor Ginsburgh）和简·范·乌尔斯（Jan Van Ours）的研究，事实并非如此。在同一天表演的两名决赛选手中，后出场的选手平均排名比先出场的选手高出一个位置。因此，在某一天的晚些时候进行表演，或在求职面试中晚些时候轮到你，是一个明显的优势。如果选拔过程持续好几天——就像钢琴比赛那样——那么第一天是最不适合出场的。在钢琴比赛决赛中，第一天出场的两名选手比后几天出场的选手平均低三个名次。我对在意大利博尔扎诺（Bolzano）举办的费鲁乔·布索尼钢琴比赛（Ferruccio Busoni Competition）进行了研究，上述结论在研究中得到了证实。在三个阶段的决赛中，如果一个人能在最后一天的比赛中表演，那么他进入下一轮的可能性通常是最大的。

尽管空缺职位的候选人或参赛选手的随机（通常是按姓氏的字母顺序排列的）出场顺序不应该对结果产生影响，但排在后面会更好。在学术界，候选人通常是按姓氏的首字母顺序接受面试的，在这种情况下，姓氏首字母在字母表中排列靠后会成为一种优势，因为遴选小组的专家或评委往往不会把最高分打给第一个出场的人，而是期待后面可能有更好的人选。所以，排在你后面的人越少，就有越多的评委愿意给你的优秀表现打高分。然而，学术界的见解具有更普遍的相关性，因为无论按照何种标准（姓氏的首字母顺序或其他标准）确定参加公司面试的出场顺序，它都至关重要。

除了出色的表现，成功还需要一点运气。有时，好运仅仅来自拥有一个首字母在字母表中排名靠后的姓氏，或被邀请参加一个空缺职位的最后几场面试中的一场。

小结

在求职申请过程中，遴选小组成员会对不同的候选人进行比较。出场顺序起着至关重要的作用，因为在没有人随后出场的情况下，较早出场的候选人比较晚出场的候选人获得良好评价的可能性更小，这就是在面试过程接近尾声时参加面试会更加有利的原因。

第 8 章
为什么有耐心的人更容易找到新工作

较长的职业空白期会让重返劳动力市场变得更加困难。因此，在失业后，迅速找到新工作很重要。耐心在其中起到的是帮助作用还是阻碍作用？

在职业介绍所前排队找工作是一种令人不快又发人深省的经历。20 世纪 90 年代，在我的学术生涯开始之际，奥地利联邦政府的紧缩计划导致大学里的所有空缺职位都被冻结了。我不得不跑了两趟职业介绍所。幸运的是，我失业的时间很短。劳动力市场的统计数据显示，受过高等教育的人找到新工作的速度更快，因此他们长时间没有工作的情况不太常见。令人惊讶的是，在失业前拥有较高的薪水也有助于一个人找到工作。它表明求职者曾经在一个责任重大的，甚至是很高的职位上任职，所以此人具备相当不错的工作经验和专业知识，这些品质在劳动力市场上有很强的竞争力。

某些个人品质也有助于失业者重返工作岗位，其中之一是耐心，或者是无论付出多少辛苦都能坚持朝着目标努力的能力。在很长一段时间里，劳动力市场的研究人员都不确定耐心在找工作时是不是一种美德。

一些研究人员推理认为，有耐心的人会有优势，因为耐心有助于缓解压力和烦恼，即使它并不会立即带来成功。没有耐心的人往往很快就会停止努力，因为他们倾向于把不成功的求职过程看作短期的、失败的努力，而不是对未来的投资。此外，没有耐心的人在找工作方面投入的时间和精力都较少，所以他们得到的工作机会往往不那么有吸引力。这种观点认为有耐心的人会更快找到工作。

另一些人则认为，缺乏耐心可以让求职者更快获得相对的成功，因为缺乏耐心的人往往愿意接受较差的条件，尤其是在薪水方面，以避免不得不花更长的时间去找工作。在这个假设中，没有耐心的人会比有耐心的人更快地找到一份新工作，因为有耐心的人会花更多的时间去寻找一份薪水更高、更有吸引力的工作。根据这一逻辑，没有耐心的人会接受薪水较低的工作，但他们也会比更有耐心的人更快地重返劳动力市场。

哪个观点更能反映现实？加利福尼亚大学伯克利分校（University of California, Berkeley）的斯特凡诺·德拉·维尼亚（Stefano Della Vigna）和耶路撒冷希伯来大学（Hebrew University of Jerusalem）的达尼埃莱·帕塞尔曼（Daniele

Paserman）研究了失业持续时间与失业者耐心之间的相关性。他们根据调查问卷收集到的信息对参与者的耐心程度进行了分类。

衡量耐心的第一个指标是一个人是否吸烟。吸烟者比不吸烟者更容易被认为是缺乏耐心的。有充分的证据表明，吸烟者在权衡现在和未来时更缺乏耐心。此外，德拉·维尼亚和帕塞尔曼还收集了参与者个人储蓄金额的数据。拥有存款而不是背负债务是衡量耐心的另一个指标。虽然储蓄限制了即时消费，但从长远来看，它使未来的更多消费成为可能。因此，一个人拥有储蓄表明其更有耐心。除了关于吸烟或储蓄的信息外，他们还使用了一些其他的指标，例如，参与者是否购买了人寿保险，或者面试官在面试中进行的评估。德拉·维尼亚和帕塞尔曼将所有这些指标紧密联系在一起，并将其合并为一个衡量个人耐心水平的指标，然后将该指标与相关人员的劳动力市场数据相关联。

研究结果清楚地表明，缺乏耐心的人需要更长的时间才能找到新工作。其中一个主要原因是他们在求职方面的投入较少，所以他们甚至连低薪的工作机会都得不到。尽管处于失业状态，但他们通常每周只花几个小时找工作。这种现象或许可以用一个事实来解释：越没有耐心的人越容易气馁，因为他们很难处理工作申请过程中的负面反馈，也很难面对更多的失败结果。还可能是因为他们发现很难让自己重新振作起来去找工作，于是恶性循环开始了。缺乏耐心的人在某一职业和某份特定工作中坚持的时间较短，当他们失业时，找到一份新工作的速度也比较慢。这可能会导致他们长期失业，进而退出劳动力市场。所以，在求职时要保持耐心，在提交简历时要有毅力，这一切都很重要。正如第 6 章中提到的，与职业中介机构的专业人员讨论你的个人情况，会对你求职有很大帮助。

小结

在寻找新工作时，你必须投入大量的时间，并且能够承受被拒绝的结果。没有耐心的人很难应对这些事情，这就是他们要比那些更有耐心、更有远见的人花更长的时间才能找到一份新工作的原因。

第 9 章
为什么女性员工比例更高的初创公司存续时间更长

当代企业中的员工构成往往是多样化的，包含年轻和年长的员工、老员工和新员工、说不同语言的员工以及不同种族和性别的员工。那么，初创公司的男女员工比例向我们说明了什么呢？

　　我父亲年轻时在奥地利西部的一家小公司工作。他的所有同事都来自邻近地区，说着同样的方言，而且大部分都是男性，因为当时女性的就业率远远低于男性。在第二次世界大战之后的几年里，"多元化"这个词还完全不为人所知。如今广为流传的观点在当时还鲜有人理解，即公司拥有在语言、种族和性别方面背景不同的员工，可能对公司有益。当时员工的流动性比现在要小得多，人们很难想象出什么是高度的多元化，更不要提对此进行认真思考了。

　　今天的情况与过去大不相同。在我已经工作了 20 多年的学术界，各个研究团队由来自不同群体的人组成，这已经成了十分自然的事。2018 年，我在波恩马克斯·普朗克研究所的首个工作组包括三名意大利女性、两名奥地利男性、一名保加利亚女性、一名德国男性、一名南非女性、一名美国男性、一名挪威男性、一名克罗地亚男性和一名印度女性。在招聘时，我努力做到男女性别比例平衡，但我并没有过多思考性别的多元化是否会带来回报。作为一个研究小组的负责人，我很难衡量它的收益。

多元化受到广泛支持，但有什么证据表明多元化对公司的确有价值呢？员工之间难道不会因为背景不同而发生冲突吗？尽管多元化不仅仅意味着性别这个单一维度，但维也纳经济大学（Vienna University of Economics）的安德烈亚·韦伯（Andrea Weber）和克里斯蒂娜·楚勒纳（Christine Zulehner）进行的一项关于性别的研究得出了有价值的结论。该研究分析了女性员工比例对初创公司寿命的影响。韦伯和楚勒纳对1978年至2006年间成立的近3万家奥地利公司展开了研究，掌握了其员工性别比例的准确数据。这些公司涉及多个行业，例如机械工程行业和餐饮行业。韦伯和楚勒纳统计了女性员工在公司成立时所占的比例，以及在随后几个季度和接下来的几年中，甚至直到公司倒闭时（如果调查时公司已不复存在的话），这一特定比例的发展变化情况。

平均而言，每两家公司中就有一家在大约六年后破产或停止运营。更重要的是，一家公司的存续时间在很大程度上取决于有多少女性在那里工作。为了说明这一点，韦伯和楚勒纳首先用行业平均值对公司中的女性比例进行了标准化。不同行业之间的差异可能相当大，因此研究人员以行业平均水平为标准，确定每家公司的女性员工是相对较多还是相对较少，然后将女性员工最少的 25% 的公司与接近行业平均水平的公司进行比较。结果显示，根据行业标准，女性员工最少的公司的破产时间比女性员工达到行业平均水平的公司早约一年半。在女性员工数量一开始就最少的公司中，那些随着公司发展系统地提高女性员工比例（接近行业平均水平）的公司存续的年限更长。劳动力的具体性别构成和相应发展对初创公司的存续和成功有着持续的影响。

应该如何解释这些结果呢？女性员工所占比例远低于行业平均水平，表明公司存在性别歧视，因为可以假定某一特定职业的人才在男女之间基本上是平均分配的。当然，这并不意味着男性和女性对某一特定行业的兴趣必须完全相同。但在同一行业内部，你会假定男性员工和女性员工同样胜任工作。因此，对女性员工占比最低的公司而言，我们有理由认为扭曲现象在招聘过程中发挥了作用。这种扭曲意味着求职者的资质和适配性在聘用决策中的分量较轻。男女两性之间在职位分配中存在极端情况（例如，女性员工所占比例明显低于平均水平），表明公司对员工的选用不够理想。显然，不想适应这种情况的公司要为它们的固执付出代价——它们很快就会倒闭。因此，多元化的人事决策对公司竞争力的提高具有重要意义。

小结

　　许多初创公司几年后就从市场上消失了，这些公司的存续时间与其员工的性别构成有关。如果初创公司中女性员工所占的比例明显低于行业平均水平，那么其存续时间就会缩短。女性员工所占的比例低于平均水平，可能表明该公司在人员遴选方面存在扭曲和偏见。

第 10 章
为什么在招聘时可以采用员工推荐计划

尽管员工推荐计划经常被人们诟病为任人唯亲，但如果空缺职位由已经在公司工作的员工所推荐的人来填补，公司也会从中获得经济效益。有些公司甚至会给推荐人发放奖金。这到底是怎么回事？

　　一天早上，当超市收银员玛丽（Mary）走进员工更衣室时，她看到布告栏上贴了一则新通知。上面用大字写着，如果通过员工推荐填补了职位空缺，推荐人将获得 100 美元的奖金。下面的小字写着，如果推荐人和新员工都能够在公司工作至少五个月，公司就会为其支付奖金。看完公告后，玛丽走到超市收银台，开始她的日常工作。当玛丽在收银台登记，打开一卷卷硬币，并再次检查纸币时，第一批顾客就进来了。她还有漫长的一天要过。但今晚，她想，她会给她目前失业了的朋友萨莉（Sally）打电话，告诉她超市有空缺职位。如果萨莉感兴趣，玛丽明天会向分公司经理推荐萨莉。如果一切顺利，她们两个人都能得到帮助：萨莉能获得一份新工作，玛丽能得到奖金和一个不错的新同事。玛丽并没有花太多时间去思考为什么这家连锁超市突然愿意为推荐人支付奖金，它可能有自己的理由。

对公司来说，填补职位空缺的确是一个巨大的挑战。招聘新员工需要很长时间，而且成本很高。刊登招聘广告、审核申请材料、进行面试、起草合同、培训新同事，并帮助其融入员工队伍，这些只是招聘程序中的几个步骤。所有这些事情都会占用现有员工的时间，并增加公司的成本。因此，公司在招聘时会尽量降低成本，并尽可能提高新员工与岗位的适配性。

一些公司利用计算机算法来帮助自己进行员工选拔（如第11章所述）。员工招聘的另一种方法是向现有员工征求空缺职位合适人选的建议。调查显示，70%的美国公司都有所谓的员工推荐计划。

这些计划的潜在好处是多方面的。现任员工可能很清楚这个职位的要求，并且可以评估谁是合适的人选。此外，可以预见的是，现任员工只会推荐那些与他们相处融洽的人——这是影响公司工作氛围的另一个重要因素。

实证研究表明，通过现任员工的推荐找到工作的人比那些没有被推荐的人能够更快地被雇用，前者往往有更好的专业素养，且在公司待的时间更长。这一研究发现是基于对诸如卡车司机、呼叫中心员工和高科技公司员工的调查而得出的。然而，在所有这些行业中，由于现任员工推荐而被雇用的员工比例相对较小，因此最初仍不清楚推荐是否会对公司产生具体的积极影响。毕竟，如果新员工和在职员工能够在一段规定的时间内（通常是几个月）都在公司工作，公司有为此支付奖金的政策，那么推荐也是要花费金钱的。

来自多伦多大学（Toronto University）的米奇·霍夫曼（Mitch Hoffman）及其在科隆、法兰克福和康斯坦茨的同事对公司推荐计划进行了广泛的细致调查。他们分析了波罗的海地区的一家连锁超市，该超市每年几乎有80%的员工辞职。这意味着这家公司必须不断地雇用新人，这既耗时又费钱。该公司随后在238家分公司中推出了一项推荐计划，雇用了5000多名员工。如果在职员工推荐了新员工，并且新员工在公司至少工作了五个月，那么根据所在地的不同，推荐人将获得50欧元、90欧元或120欧元不等的奖励。

虽然更高的奖金带来了更多的推荐，但因推荐而加入公司的新员工比例仍然不到5%。因此，推荐入职的人只占新员工的一小部分。

尽管如此，该计划还是产生了巨大的影响，且影响出乎意料。正如上述研究所示，被推荐的人在公司待的时间更长，请的病假更少，而这还不是推荐计划的主要影响。与对照组，即未启动推荐计划的分公司相比，进行过人选推荐的现任员工在该计划启动后在公司任职的时间更长，且离职的可能性降低了 15%。这些员工有一种强烈的感觉，即由于该计划的推出，他们受到了重视，并且他们对自己在招聘新员工时有发言权表示感激。总之，这些员工不仅在公司待的时间更长了，而且工作满意度也提高了。

这些影响曾一度被忽视，现在却为公司带来了回报——实现了雇主和员工的双赢。

小结

填补空缺职位的成本很高，因此许多公司会请在职员工为某个职位或某个团队推荐合适人选。通过推荐计划让在职员工参与公司事务，可以提高他们的工作满意度，并且延长他们在公司任职的时间。

第 11 章
为什么要用机器算法帮助人力资源经理招聘新员工

人类的决策行为很容易受到系统性误差的影响。正如本书其他章节所示，这种情况也发生在新员工的招聘中。但机器算法能减少招聘经理的失误吗？又或者，如果人力资源部门的负责人拥有自由裁量权，对公司来说会更好吗？

多伦多大学的米奇·霍夫曼使用 445 名人力资源经理的数据对上述问题进行了研究。这些人力资源经理在 15 家北美公司为共计 9 万个职位招到了员工。这些公司用一家人事咨询公司开发的分类测试和算法来支持其人力资源经理的招聘决策，该测试和算法将求职申请划分为高潜力（绿色）、中潜力（黄色）和低潜力（红色）三个类别。作为测试的一部分，申请人要完成一份详细的调查问卷，会被问及技术能力、计算机知识、性格和认知能力。此外，他们还必须对各种专业场景进行评估。据此，人事顾问将申请人分为绿色、黄色和红色三类。评估算法是基于过去的测试结果和先前的求职者在后续工作中的表现算出的，它与求职者的工作效率及其在公司留任的时长相关。这些人事顾问专门研究劳动力市场上低技能领域的工作，如数据录入、在呼叫中心接线或简单的数据分析工作。在过去几年中，平均有 48% 的申请人被归类为绿色，32% 为黄色，20% 为红色。招聘时，这 15 家公司的人力资源经理被提醒要注意带有颜色编码的申请，但他们对最终雇用谁有自由裁量权。

米奇·霍夫曼等人现在想要弄清楚，虽然有"绿色"求职者，但经理还是雇用了"黄色"求职者，这一事实在未来是否会产生积极或消极的影响。基本上，这种影响是双向的。经理们拥有更大的自由裁量权，这使得他们可以根据自己的经验，比计算机算法更好地评估某个人是否适合该公司及相关工作团队。同时，更多的自由裁量权可能会导致经理们根据自己的个人偏见做出决定，而不是根据统计数据计算出的哪位申请人更有发展前途的结果做出决定。

就人类在招聘程序中的决策能力而言，霍夫曼及其团队的研究结果发人深省。当人力资源经理利用他们多年的专业知识和判断力，违背测试结果和算法的推荐，聘用排名较低的新员工，而不是在测试或算法中得分较高的候选人时，这些新员工在公司工作的时间比人力资源经理遵循颜色推荐聘用的员工要短。人力资源经理忽略颜色推荐而聘用的员工，其工作效率并没有提高——这可以算是不完全采纳颜色算法推荐的一个合理理由。事实正好相反，以这种方式（人力资源经理忽略颜色推荐）聘用的员工，其工作效率往往较低。

由此可以得出一个明确的结论：赋予人力资源经理过多的自由裁量权来推翻测试和算法的结果，可能会对公司的新员工质量及其在公司工作的时长带来不利影响，至少在本章中提到的这项测试和劳动力市场的这一领域中得到的结果是这样的。好的招聘决策会得到机器的支持，即使人力资源经理并不总是遵循数据推荐，这一观点也依然适用。与人力资源经理收到了颜色推荐但并未被迫采纳其建议的公司相比，在没有收到机器招聘建议的公司中，新员工的平均留职率更低。机器推荐的存在似乎将招聘决策的制订推向了积极的方向。

小结

人类的决策行为容易出现错误和扭曲。计算机算法有助于人力资源经理从大量申请中识别出最佳候选人。因此，把机器推荐纳入考虑范围，可能会改善公司的人员选拔情况和员工在公司的任职时长。

第 12 章
为什么雇主更喜欢不跳槽的员工

人们换工作的频率越来越高，因此，员工在同一家公司工作的平均时长越来越短。同时，雇主在评价潜在求职者的简历时，很看重忠诚度。这对正在找工作的人有什么影响呢？

通常，劳动力市场上的流动性被认为是一件好事。知道如何利用劳动力市场的机会并在许多公司积累经验的人被认为是充满活力的。相比之下，对一家公司忠诚，甚至忠诚了几十年，似乎是一种过时的工作态度，不再符合当今劳动力市场的要求。毫无疑问，如果你熟悉不同的工作程序、不同的组织形式、不同的老板和同事，或者仅仅是另一家公司的不同活动，都会丰富你的工作经验。

但从公司的角度来看，高员工流失率意味着高成本。新员工必须接受培训，如果可能的话，他们必须在没有太多冲突的情况下融入现有的组织结构，并将工作程序内化，为部门的业绩做出贡献——这些既耗时又费钱。因此，在招聘员工时，一个人能否融入新的工作环境并接受公司的价值观，对公司来说是至关重要的。除了对求职者进行正式培训外，可靠性、可信度、团队合作能力、忠诚度和毅力等软性因素也在工作中发挥着重要作用。但是，在招聘新员工时，这些软性因素很难得到衡量和检验。

瑞士的一项研究展示了在评估这些软性因素时，简历中的哪些数据对人力资源经理而言至关重要——那就是其他条件完全相同的申请人，在以前的工作生涯中更换雇主的频率。太频繁地更换工作会给人留下不好的印象，并减少一个人被邀请参加面试的机会。

在苏黎世大学（University of Zurich）罗伯托·韦伯（Roberto Weber）的主持下，瑞士研究人员进行了一项田野研究，针对在瑞士德语区发布的 800 多个空缺职位广告，创造了虚构的申请人，这些人都是 26 岁，在完成商学院的学业后有八年的工作经验，成绩非常好，会说几种（通常是语种相同的）外语，名字相似，外表也没有异常。研究人员向每个空缺职位提交了两份申请，这两份申请的不同之处仅在于申请人之前的雇主数量。在第一份申请中，申请人毕业后在同一家公司工作了整整八年；在第二份申请中，申请人平均每两年更换一次雇主，因此他在简历上列出了四位雇主。有四位雇主的申请人及其在这四个公司所从事的工作，与只有一个雇主的申请人的情况完全相同。

　　首先，韦伯及其团队研究了两个不同的申请人被邀请参加面试的频率。在这一点上，就已经存在很大的差异了。只有一个雇主的求职者被邀请参加面试的次数比简历上有四个雇主的求职者多 40% 左右。其次，韦伯等人试图找出导致这些申请成功率不同的原因。为此，他们采访了 83 名瑞士公司的人力资源经理，向他们提供了两份不同的简历，在简历上分别列出了一名或四名雇主，并让经理们对两个申请人分别进行评估。正如你可能预料到的那样，申请人在"技能"和"教育"方面表现得同样出色——毕竟，简历都是精心设计的。但在"团队合作能力""毅力"和"可靠性"等方面的评估差异很大。在开启职业生涯后的八年里，只有一个雇主的申请人在这几方面总是获得更好的评价。经理们认为：他们更有可能在团队中有效协作；即使目标很难实现，他们也会以更大的耐心和毅力朝着目标努力；而且，他们在完成任务的过程中是可靠的。

　　这些品质对潜在雇主来说显然很重要。但是，由于它们无法被直接衡量，只有在日常工作中才会显现，所以雇主将工作变动的次数作为判断申请人在软性因素方面表现如何的一个指标。

在一些人眼里，长时间待在一家公司的能力似乎已经过时了，但它可能会让你在竞争一份新工作时获得优势，在被录用或被拒绝这两种可能性之中带来完全不同的结果。

小结

对公司的忠诚度本身就意味着一个人的忠诚度。人力资源经理经常将频繁的工作变动与较低的忠诚度和较低的可靠性联系在一起。这就是为什么，如果一个人想换工作，而倘若这个人过去在许多不同的公司工作过，他获得新职位的概率就会减小。

第 13 章
为什么要寻找那些展现出耐心和长远考虑的求职者

————

近年来，员工流失率有所上升，这对雇主来说是一个切实的问题。如何判断一个人是否能在充满压力的环境中坚持下来？你会在卡车司机的世界里找到答案。

　　驾驶卡车的工作对一些在欧洲的人很有吸引力，因为可以顺便去欧洲大陆的各个角落旅行。几年前，当我需要从佛罗伦萨的欧洲大学学院（European University Institute）搬到科隆大学时，我请了一家货运公司把家具运送到目的地，当时那位卡车司机热情地告诉我，他的工作已经把他从葡萄牙南部带到了挪威北部，他非常喜欢自己能够开车抵达欧洲最偏远的角落这件事。然而，驾驶卡车是相当辛苦的，这份工作的特点是竞争激烈、日程安排紧凑、休息时间短暂，以及许多周末不得不在不同国家之间的休息站度过（这对家庭生活很不友好），另外，他还不得不在卧铺驾驶室里打盹。那位司机告诉我，他一直饱受椎间盘问题的折磨。他说，尽管如此，他已经在这一行干了30多年了。究竟是什么把他与那些更快辞去这份艰苦工作的人区别开来的呢？

明尼苏达大学（University of Minnesota）的史蒂文·伯克斯（Steven Burks）和他的同事一起系统地研究了这一问题。他们以1066名卡车司机为对象开展了一项研究，这些卡车司机是美国一家大型运输公司的培训生，他们在工作中接受了经验丰富的司机的指导，并参加了教学培训；在此期间，他们需要为这家公司工作。该公司为他们支付了所有的培训费用，每个人的培训费用总计5000至10 000美元。合同规定，如果培训生在为期12个月的培训结束前离开公司，那么该培训生必须偿还所有的培训费用。

伯克斯及其团队在两周的培训中对1066名培训生开展了经济决策实验。在这些实验中，培训生们总是可以在两个选项之间进行选择。一个选项是，他们将立即得到45至75美元不等的钱。另一个选项是，他们可以得到80美元，但要晚一些，比如一天后、四天后或四周后。根据他们在较小但即时的收益与较大但较晚的收益之间做出的决策，培训生被划分为更有耐心或较缺乏耐心两个类别（就财务决策而言）。

运输公司向伯克斯及其团队提供了每位卡车司机的人事数据，这样一来他们就可以将实验决策（作为耐心的衡量标准）与卡车司机各自的人事数据联系起来。该公司参与这项研究的动机是想更多地了解哪些因素会影响培训生在公司的任职时长。员工留任的时间更长，会对公司更有利，因为只有这样才能弥补最初的培训成本。伯克斯等人从人事数据中了解到了司机是否完成了培训，如果没有，他们的培训持续了多长时间。培训完成后，司机们会被告知他们是否将被公司聘用。虽然完成培训的司机通常会被聘用，但有纪律问题的司机除外。对于签订了聘用合同的司机，伯克斯等人还了解了其在公司任职的时长，或者在研究完成时其是否仍在该公司工作。

实验结果显示，因选择了较大但较晚的收益而在实验中被归入更有耐心类别的培训生，他们完成培训和被聘用的可能性更大。此外，那些做出更具前瞻性决策的司机（他们会更经常地选择 80 美元的选项）在得到工作后在公司留任的时间更长。

总之，只有不到一半的司机在这个岗位上工作了一整年或者更长的时间。对不想自己支付培训费用的人来说，一年是最短的工作期限要求。平均而言，与那些提前终止合同并不得不向公司偿还全部培训费用的司机相比，达到最短工作期限要求的司机在做出实验决策时要耐心得多。对于那些做出更有耐心的实验决策的卡车司机来说，在工作岗位上待更长时间在经济上具有合理性，因为他们不必偿还培训费用。

更缺乏耐心的卡车司机不仅要偿还费用，而且，在随后的职业生涯中，情形也对他们不利。这是因为，当一个人想找一份新工作时，正如第8章中提到的，急躁是一种劣势。

小结

　　人们的日常工作压力很大，而新的挑战又会经常出现。某些个人品质可以帮助你在面对挑战时不会太快放弃，而是选择去面对它并坚持下去。拥有耐心、能做长远考虑便是这样的两种宝贵品质。

第 14 章
为什么提高薪酬透明度这件事值得商榷

虽然在斯堪的纳维亚，基本上每个公民都可以查看邻居的纳税申报单，从而推算出他们的收入，但在世界上的大多数国家，收入是被最严格保守的秘密之一。关于薪酬是否应该公开的讨论每隔一段时间就会爆发一次，在此情形下，未经讨论的是提高薪酬透明度可能带来的正面和负面影响。

几年前，所谓的《薪酬透明度法案》（Pay Transparency Act）在德国生效，随后引起了媒体关注。该法案要求董事会由一定数量员工构成的公司根据请求披露薪酬分级标准，并提供特定职位的平均薪酬水平信息。当该法案获得通过时，人们希望它有助于缩小男女之间的薪酬差距。目前，要对这部法案是否在某些方面有助于实现该目标进行最后评估，还为时尚早，因为现在还没有这方面的数据。然而，更值得仔细研究的是提高薪酬透明度带来的正面和负面影响。

分析提高薪酬透明度的正面和负面影响不是一件容易的

事，它要求存在一定薪酬透明度的情况可以与薪酬不透明的情况相比较，并且这两种情况在所有其他方面的差别尽可能小。2010年，美国加利福尼亚州对一项法律进行的修正使得这种比较成为可能。加利福尼亚州决定，必须披露公务员的个人薪酬。这项修正案是在加利福尼亚州媒体报道了一些城市和郡县（美国的行政区划，与中国的县或地级市类似，但并不等同）存在高级官员薪酬过高的情况后启动的。

这项2010年的修正案非常适合用来研究薪酬透明度的影响，因为甚至早在2010年之前，美国的许多城市和郡县就已经公布了其公职人员的薪酬。这意味着可以从2010年开始分析公共部门的薪酬发展情况，这取决于市政当局是否在2010年之前就已经公布了公职人员的薪酬。这两类市政当局的不同发展情况可以使薪酬透明度的影响得到量化。

普林斯顿大学（Princeton University）的亚历山大·马斯（Alexandre Mas）仔细研究了这种影响，尤其是市政府高级官员的薪酬是如何演变的。自2010年起，美国有172个城市公布了其高级官员的薪酬。早在2010年之前，已经有296个城市这样做了。亚历山大·马斯比较了这两组城市从2009年（法案出台前）到2012年（法案生效后）的官员薪酬发展情况。与2010年之前已经公布官员薪酬的城市的薪酬发展情况相比，在 172 个在 2010 年之后才首次公布官员薪酬的城市中，市政府高级官员的薪酬减少了 7%。由于薪酬表中较低级别的薪酬没有公开的义务，因此该法律导致了薪酬金字塔的压缩。换句话说，最高薪酬和最低薪酬之间的差距变小了。从欧洲的角度来看（与美国相比，巨大的薪酬差异在欧洲仍然不太被接受），这一结果可能既是人们期望的，也是可取的。然而，这种观点忽视了加利福尼亚州这项法案的两种负面影响。

首先，在薪酬公开后辞职的高级官员人数是之前已经公布薪酬的城市的两倍。乍一看，你可能会认为该法案抑制了过高的薪酬，所以高级官员辞职了。但亚历山大·马斯没有发现任何统计证据表明，与 2010 年之前已经公布薪酬的城市相比，这些官员的薪酬过高。这说明，主要是媒体的压力导致了减薪，其结果是更多的高级官员自愿离职。

其次，相关城市填补高级官员职位空缺的时间比以前要长得多。2010 年后，填补职位空缺平均需要近 5 个月的时间，而不是之前的 3 个月。此外，新雇员的资质明显不如他们的前任，从长远来看，这会给城市造成经济损失。

上述例子强调的是，关于薪酬透明度的讨论必须考虑更多方面，而不仅仅是披露薪酬这么简单。像任何药物一样，薪酬透明度可能会产生不必要的负面影响。正如我们将在第37章中看到的，相对薪酬方案可能会产生其他类型的负面影响。

小结

一个人的薪酬数额是被保守得最好的秘密之一。对许多人来说，这是薪酬方面存在性别差异的原因之一，也是一些员工要求提高薪酬透明度的原因。如果提高行政部门高级职位人员的薪酬透明度，实际上会缩小最高薪酬和最低薪酬之间的差距，但也会使得填补高级职位空缺变得愈加困难。

第 15 章
为什么有偏见的管理者会损害员工的工作效率

工作场所的歧视可以有多种形式，它可以针对女性、少数族裔或老年员工等群体。即使工作中的歧视比较微妙，并不会构成刑事犯罪，它也会对员工的工作效率产生强烈的负面影响。其中的原因令人惊讶。

社会心理学家开发了一种测试来衡量刻板印象、偏见或歧视倾向。所谓的内隐联想测试正是基于这样一个事实，即人类的大脑能够更频繁地将两个特定的词语联系到一起而非与其他词语联系到一起。例如，"女性"和"家庭"这对词语比"男性"和"家庭"能够更快地被相互联系起来。收集此类关联数据的方法是让人们在计算机上按下某些键来确认特定的词语组合。按正确键的速度越快，这两个词语之间的关联性就越强。"女性"与"家庭"的联系远比"女性"与"事业"的联系要强得多，这在很大程度上说明了我们的社会对女性的看法。

内隐联想测试还可以用来检验对某些群体的刻板印象是否在职业生涯和劳动力市场上也普遍存在。哈佛大学的阿曼达·帕莱斯（Amanda Pallais）参与了一项研究，对法国一家大型连锁超市的管理者进行了内隐联想测试，目的是了解他们如何评估在超市工作的移民的工作表现。此项研究要求该连锁店的大约120名管理者将法国人或北非人的名字与员工的正面或负面特质进行关联。如果正面的特质总是更快地与法国人的名字联系到一起，那么内隐联想测试将表明，管理者对有某些背景的员工的工作表现有一定的期待。事实上，管理者们的确更快地将良好的工作表现与法国人的名字联系了起来，而这些事实是否应归因于他们对北非员工的偏见、刻板印象，甚至是歧视，最初是一个使用概念的问题。从经济学的角度来看，更令人兴奋的问题是，管理者是否会更快或更慢地将良好的工作表现与法国人或北非人的名字联系起来，以及这会对员工的工作表现有何影响。于是，管理者的态度可能会对员工的工作效率产生影响，从而影响公司的盈利能力。

帕莱斯和她的同事调查了法国一家连锁超市的200多名收银员的工作表现。大约有四分之一的收银员（大部分是女性）有北非人的名字，因此属于少数群体。所有收银员的合同期限均为六个月。在最初的六个月里，他们的工作时间是

被分配好的，对此他们没有发言权。某个工作日，收银员的
主管是哪位结账经理，这在很大程度上是巧合。在测试中，
将北非人的名字更多地与工作表现不佳联系到一起的经理对
少数群体的工作效率产生了重大影响。如果不得不与偏见更
强的经理打交道，有着北非人名字的收银员不去上班的可能
性比有着法国人名字的收银员要高出 50%。同一位收银员在
这种情况下每分钟扫描的商品数量减少了 2%，而其扫描下一
位顾客的商品所需的时间增加了 4%。你下意识的反应或许是，
这一数据可能说明这些收银员的工作效率较低。然而，如果
被安排在内隐联想测试中没有表现出偏见或只有轻微偏见的
经理手下工作，来自少数群体的收银员实际上比有法国人名
字的同事工作效率更高（即工作速度更快，请假率更低）。

　　因此，经理的态度对员工的工作效率产生了影响。但这
是为什么呢？在你下意识的反应中，你可能会认为有更强偏
见的管理者对待少数群体的方式不那么友好，会要求他们加
班，或者给他们分配更多的清洁工作。然而，对收银员的访
谈表明，有着法国人名字和有着北非人名字的收银员在这方
面没有区别。两组人都觉得他们受到了经理百分之百的平等
对待。那么，员工工作表现的差异从何而来？研究发现，一
个主要区别在于：在内隐联想测试中，偏见较强的经理与少数
群体的互动明显较少。换言之，经理们和少数群体讲话的次

数要少得多，给少数群体的指示和反馈要少得多，与少数群体保持的距离也更远。出于这个原因，有着北非人名字的收银员实际上很少被要求加班或被分配清洁工作。

管理者与员工之间的距离更远，不仅会对少数群体的工作效率产生负面影响，而且会对员工的整体工作效率产生负面影响。与员工沟通较少的管理者会降低员工轮班期间的工作效率。对公司来说，这是一个代价高昂的问题。正如第20章中提到的，管理方式在其他方面对企业的工作效率也有很大的影响。

小结

管理者和员工之间的关系会影响工作氛围和员工的工作效率。管理者的歧视行为会导致员工的工作表现变差，即使歧视仅表现为管理人员与某些员工的接触减少。

第 16 章
为什么在外面很热的时候，人们容易做出更糟的决策

人们常说，在做出重大决策之前，应该先"睡一觉"。不过，到目前为止，关于一个人是否不应该在外面很热的时候做出重要决策的讨论很少，而这种情况可能很快就会改变。在全球变暖的时代，高温将成为一个重要的决策影响因素，在做出影响深远的决策之前，考虑到这一点是明智之举。

全球气温正在上升，我们正在经历一个又一个高温创纪录的夏天。毫无疑问，全球变暖已经并将继续对人类和环境产生巨大影响。人类必须做出许多重要决策来阻止气候变暖，这些决策在各个层面都得到了保证，例如：在国际层面，达成了各类气候协议；在国家层面，制订了国家气候保护计划；在个人层面，与个人消费决策相关。这些决策总体上会对每个人的生态足迹产生影响，而面对日益加剧的气候变暖，人们需要做出许多重大决策。但具有讽刺意味的是，高温本身会对人类的决策产生重大影响。

人类决策行为的传统模型完全忽略了高温因素。根据这些在经济理论中被称为新古典主义的模型，只有具体决策的成本和收益及其所基于的选择才会发挥作用，而诸如高温、疲劳或总体情绪等因素则被视作是无关紧要的。然而，心理学研究表明，高温会降低人们的总体幸福感、情绪和执行意愿。在较高的温度下，人们不太可能冒险，他们更信赖以前消费过的产品，也更信赖自己的习惯。

直到最近几年，行为经济学研究才解决了高温等看似无关紧要的因素是否会在重要的职业决策中发挥作用这个问题。你可能会以为，在高度工业化的国家并非如此，因为那里有越来越多的办公室安装了空调，即使外面很热，人们也能够在适宜的温度下工作。渥太华大学（University of Ottawa）的安东尼·海斯（Anthony Heyes）和苏德·萨贝里安（Soodeh Saberian）最近的研究表明，这种假设是错误的。

海斯和萨贝里安的研究回答了如下问题：室外温度是否会对美国法官的判决带来可以衡量的影响？为此，他们调查了近 20.7 万份关于美国移民申请的司法判决和近 2 万份关于缓刑的判决。在这两类案件中，法官的判决对有关申请人产生了非常重大和直接的影响。做出裁决的法庭都装有空调，法官在工作期间不会受到外界高温的影响。尽管如此，海斯和萨贝里安还是分别测量了案件判决时的室外温度（从早上 6

点到下午 4 点，每小时测量一次），然后检验室外温度是否会对法庭的判决产生影响。

该研究得到的结果是一个响亮的"是"，即室外温度对法官的判决的确有影响。室外温度每升高 10 华氏度[①]，法官对移民申请做出肯定性判决的可能性就会下降约 6%。在缓刑申请中，这一数据下降了约 10%。移民申请获得批准的可能性从 16.4% 降至 15.3%（比最初的 16.4% 减少了约 6%）；缓刑获得批准的可能性从 16.5% 下降至 14.9%。研究者在统计分析时还考虑了其他因素，如法官的正常决策行为、申请人的国籍或囚犯犯罪的严重程度，但他们没有排除气温升高的影响。

当你将每天的温度与给定月份的正常温度进行比较时，可以观察到同样的效果。气温更高似乎会导致人们做出不同的决策。

由于上述案例中的绝大多数决策都是负面的，正面决策的减少应该被看作是更没有风险的，这一模式与心理学的研究发现非常吻合。心理学的研究表明：气温越高，人们越不愿意冒险，也越不愿意"逆潮流而动"；最具影响力的一个因素是，与"正常"温度相比，异常高温会使人们的总体情绪恶化，这可以解释高温条件下法官做出否定判决的倾向问题；高温还

---

① 摄氏度与华氏度的换算公式为：摄氏度 =（华氏度 −32）÷ 1.8。
——编者注

会削弱人们的认知能力，这可能也起到了一定作用。

此外，还有其他令人惊讶的因素影响着法官的决策。例如，如果当地足球队大获全胜，法官就会做出更多有利于被告的判决。这又是一个在人们做决策时占主导地位的情绪问题（这里指的是体育赛事后的情绪）。但是，体育赛事的结果有好有坏，而全球气温的发展却只有一个方向——上升。应对气候变化的重要决策因此变得困难了。

小结

从传统观点来看，在权衡一个给定决策的利弊时，诸如高温、湿度等外部因素并不会发挥作用。而实际上，这些因素也会对人类决策产生可以衡量的影响，因为它们会影响人们的情绪和对风险的偏好。

第 17 章
为什么管理者需要具备良好的人员管理技能

人员管理技能是管理学文献中的一个新术语。一个具备良好人员管理技能的主管会惠及所有人，包括员工、主管本人和整个公司。但在人员管理技能中，真正重要的技能是什么？该如何去衡量它呢？

　　如今，在大公司中，定期调查员工的工作满意度以及他们对主管、同事和下属的评价是很常见的做法。人们通常认为这些调查既耗时又枯燥，但从调查中可以得到重要发现，对一家美国高科技公司的案例研究证实了这一点。

　　这家公司定期询问 1 万多名员工对工作场所各个方面的意见，其中，评估其各自的主管的领导素质是访谈的关键部分。在从"完全不同意"到"完全同意"的范围内，公司要求员工回答他们对以下六个问题的看法，这些问题涉及员工各自的主管，即他们的主管是否：

1. 通过沟通清楚地表达他们所期望的工作绩效；

2. 就如何提高员工绩效提供定期的指导和建议；

3. 积极促进员工的职业发展；

4. 让其他人参与重要决策；

5. 即使遇到困难，也要在工作团队中营造积极的氛围；

6. 是可以信任的人。

公司用这六个问题的答案衡量主管所具备的人员管理技能情况，重点不是他们的一般社交技能（如第 4 章所述），而是他们对下属的领导能力。

多伦多大学（University of Toronto）的米切尔·霍夫曼（Mitchell Hoffman）和加利福尼亚大学伯克利分校的史蒂文·泰德利斯（Steven Tadelis）用这些数据分析了管理者的领导技能如何影响其下属的行为，以及这些技能为管理者本人和整个公司带来了多大的回报。为此，他们为 1000 多名主管建立了领导力绩效指标，这些主管平均每人负责 10 名员工。下属对这六个问题回答"同意"或"非常同意"的频率越高，该指标就越高。然后，霍夫曼和泰德利斯将这些指标与其下属的绩效和行为关联起来，并研究这些指标是否反映该主管在公司的职业生涯状况。

事实证明，管理者的领导素质对员工的工作满意度以及他们在公司留任的时长有很大影响。对员工的调查显示，主管具备更好的领导素质，会使得员工的工作满意度更高、对公司的奉献精神更强，员工也会在公司待得更久。在这家高科技公司，平均每年有 16% 的员工离职，而那些领导素质卓越的主管，其员工离职率下降到了 14%。

在霍夫曼和泰德利斯的研究中，有一个特别重要的细节首次得到了探究。一个员工离职，对公司来说可能是好事，也可能是坏事。当然，每个企业都希望留住优秀员工，同时希望表现糟糕的员工离职。这家高科技公司在其人事档案中系统地确定了员工的离职对公司来说是"令人遗憾的"还是"有利的"。霍夫曼和泰德利斯的研究证明，具有卓越领导素质的主管会降低优秀员工离开公司的可能性，他们能够减少"令人遗憾的"事情。此外，当员工为具有卓越领导素质的主管工作时，他们不太可能寻求调动。当员工在公司工作的时间较长，且要求调动的频率较低时，公司就可以节省雇用新员工或内部调动的费用，而这笔费用的数目相当可观。

霍夫曼和泰德利斯没有发现领导技能会影响员工的工作效率，这在高科技行业可能并不奇怪，因为在这一行业中，高质量的工作（如软件编程）很难进行准确的量化。

对管理者自身来说，良好的领导技能带来的影响立竿见影。得分排名前 10% 的主管比得分排名后 10% 的主管平均多晋升三次，而且前者还获得了更大幅度的加薪。虽然主管们每年的加薪幅度约为 4% 至 8%，但那些在领导素质方面得分最高的人每年的加薪幅度还要再高出 1.5%。因此，人员管理技能是有价值的，而且价值越来越大。

小结

如今，在谈及员工的工作绩效时，人们期望管理人员能够以透明的方式就他们对员工的工作期望进行沟通，以提供定期反馈、促进员工的职业发展，并且提供指导和建议。具备这些技能的人能够更好地"管理"员工，从而减少员工流失，提高他们的工作满意度。

第 18 章
为什么金融业吸引着不太值得信赖的人

有些行业口碑很好，另一些则不然。造成这一现象的一个原因可能是某些行业中盛行的文化，另一个原因是行业对员工的选拔方式。在金融行业中，这一点可以得到切实证明。

彼得（Peter）是法兰克福大学（University of Frankfurt）的文学专业本科生，在大学生涯的最后一个学期，他参加了一项关于如何衡量可信度的实验研究。实验规则如下：一个人会收到 8 美元，并且必须决定自己是否想把 8 美元中的一部分分给另一个人，第一个人分出去的金额会翻三倍，然后，第二个人可以退还这三倍金额中的一部分（不过，这部分钱不会再翻三倍）。彼得从第一个人那里得到了 24 美元，这意味着第一个人把 8 美元全部给了他。现在，彼得在思考，他是应该回报在实验中保持匿名的第一个人的信任，退回 24 美元的一大部分，还是应该只关注自己的钱包，把（几乎）所有的钱都留给自己。此时，彼得的可信度至关重要。在做出决定后，彼得回答了几个关于他生活的问题，例如，他在法兰克福大学就读期间做过哪些实习，毕业后想在哪里工作。

这是我在德国法兰克福进行的一项研究，参与的学生共计 268 名，彼得是其中之一。我和同事安德烈·吉尔、马蒂亚斯·海因茨和海纳·舒马赫一起对如下问题展开了调查：实验参与者的可信度是否与他们毕业后想去哪里工作有关？这一问题可以具体表述为：想在金融行业工作的参与者是否比想在其他行业工作的参与者更不值得信任？鉴于金融危机和许多银行在危机期间的可疑商业行为，金融行业正受到形象问题和信任缺失的困扰。在第 46 章中，我将探讨这个问题，即这一现象是否与金融行业的主流企业文化有关。不过，我们想知道的是，不太值得信任的人是否想在这个行业工作。如果是这样，金融业在信任方面存在的问题在很大程度上就是消极的自我选择造成的。

为什么信任对金融业而言如此重要？通常来说，客户对最佳投资策略和各种金融产品优缺点的了解比投资专家要少得多，无论是对小规模储户还是对必须为自己的投资提供资金的公司而言，情况都是如此。这造成的后果是，客户在很大程度上依赖于其顾问的可信度。

此处所描述的实验，目的是测量研究参与者的可信度。于是，我们调查了参与者的可信度是否与其毕业后想要从事的行业有关。我们将参与者分为两组：一组对进入金融行业非常感兴趣；另一组对此没有兴趣或兴趣很小。事实证明，与没有在金融行业找工作的参与者相比，对金融行业兴趣程度高的参与者在扮演彼得的角色时退回的钱数平均要少 25%。

　　由于在研究期间表达的意愿还不能真正表明一个人在毕业后将要从事的行业，我们在上述实验后六年左右再次联系了所有的参与者，并收集了有关他们职业生涯的信息。值得注意的是，我们发现了同样的模式。在我们的实验中，那些毕业后实际在金融行业工作的人在扮演第二个人的角色时，比那些在其他行业开启职业生涯的人少退回了大约 20% 的钱。

　　这些差异表明，进入金融行业的学生身上存在系统性的自我选择。这一点在我们的第二项研究中也得到了证实，在其中的一项合作实验中，我们发现对金融行业更感兴趣的学生更不爱合作且更自私。然而，另一项研究表明，这种行为并不会令其他人感到惊讶。我们询问了法兰克福大学的其他学生，在第一项实验中，如果扮演第一个人的角色（会收到 8 美元），他们想给第二个人多少钱。这些学生说，他们做决定的条件是第二个人是想在金融行业工作，还是想在不同的行业工作。很明显，希望在金融行业工作的参与者得到的信任较少。平均而言，他们从第一个人那里得到的钱要少 10%。这一结果与如下事实非常相符：那些计划在金融行业发展的人不太值得信任。

　　我们研究的一部分涉及金融行业招聘广告中提到的招聘标准。我们研究了这些广告，并采访了人力资源经理。分析能力在招聘中发挥了重要作用，相比之下，求职者的合作能力和可信度基本上与招聘无关，它们没有被列入招聘标准，也没有以任何方式被考察。这肯定不利于公众对金融行业的信任，同时还引发了一个问题：从长远来看，与采用固定的招聘策略相比，采用不同的招聘策略是否更加有益。

小结

　　在许多行业，客户对产品及其质量的了解远少于出售这些产品的公司。这就是为什么员工的可信度在公众对某个行业的看法中起着至关重要的作用，而招聘程序应该考虑到这个因素。

第 19 章
为什么"同伴压力"会影响工作效率

一家公司的成功依赖于员工是否具有快速而彻底地完成工作的积极性。在工资不变的情况下，可能会存在一些让人们为了维持轻松的工作生活而不付出太多努力的诱因。即便如此，社会规范也有助于维持较高的工作效率。

"终于到周末了！"卡罗琳（Caroline）想。她只需要去超市为周末买点东西，然后就可以和朋友们在户外享受下午的时光。在超市里，她已经选好了所有她需要的东西，正推着购物车走向收银台。和往常一样，周六的队伍相当长。她选择了看起来最短的队伍，这个收银台后坐着一位年轻的收银员。结账进展相当缓慢，其他收银台处理顾客业务的速度要快得多。像这样的事情已经不是第一次发生在卡罗琳身上了，她又一次为自己选错了收银台而感到恼火。除了觉得自己永远是个倒霉的人之外，她还问自己，为什么不同的收银员收银的速度不能同样快呢？如果她们的工作效率可以提高就好了。

超市经理也在问自己同样的问题。如何提高工作效率，这是企业的根本问题，但并非所有员工的工作效率都一样，这也是很自然的事实。但是，可能有一些方法可以提高员工个人的工作效率。这样的方法能不能成功、为什么能够成功，也是组织行为经济学研究的重要课题。

加利福尼亚大学伯克利分校的亚历山大·马斯（Alexandre Mas）和恩里科·莫雷蒂（Enrico Moretti）分析了意大利一家大型连锁超市的数据，并考察了收银员的工作表现。为此，他们弄清了 2003 年至 2006 年间在该超市收银台工作的 394 名员工每 10 分钟扫描的产品数量，对于每个时间间隔，他们都准确地知道是谁在操作哪个具体的收银台。正如在许多超市中常见的那样，收银员的座位与传送商品的传送带和排队的顾客垂直。这意味着坐在最左边的 1 号收银台后面的收银员可以在一条直线上看到 2 号和 3 号收银台，以此类推。尽管坐在 1 号收银台的收银员只能看到坐在自己前面的收银员的背影，但她可以看到该收银员的工作速度有多快。2 号收银台的收银员背对着 1 号收银台，所以除非转过身来，否则她看不到 1 号收银台，而在排队等待的顾客面前，她无法转身，但她可以看到 3 号和 4 号收银台。以此类推，直到最后一个收银员，她背对着其他所有收银台，无法看到其他收银员的工作速度。

在这样的工作环境中，某个人所坐的位置是否与其工作效率有关？乍一看，你可能会认为，不管谁在她们的后面或前面，每个人都会尽可能快地工作。但事实并非如此。马斯和莫雷蒂的研究清楚地表明，收银员的座位顺序及其视野中的人会产生一定的影响。为了让上述因素产生影响，马斯和莫雷蒂假设，不是所有的收银员都以相同的速度工作，即其每分钟扫描的商品数量不同。速度最快的 10% 的收银员比最慢的 10% 的收银员扫描商品的速度快 30%。一个收银员的工作效率在很大程度上取决于坐在她后面的人，而不是她能看到的前面的人。假设最快的收银员坐在 1 号收银台，2 号收银员在她前面。于是，2 号收银员知道她的速度可以被 1 号收银员直接观察到。马斯和莫雷蒂估计，如果身后的 1 号收银员比自己快 10%，那么 2 号收银员的工作速度几乎比平时快 2%。在一个收银员背后坐着一个高效的员工会让该收银员工作得更快——因为人与人之间存在差异，所以两人的工作速度不同，但其速度和工作效率会逐渐趋同。有趣的是，3 号和 4 号收银员的速度对 2 号收银员的工作效率没有影响，因为她们无法观察到 2 号收银员。然而，3 号和 4 号收银员的工作效率则取决于 2 号收银员的工作效率。收银员之间的间隔越远，这种影响就越小。例如，10 号收银员的工作效率不再依赖于 1 号收银员的速度，即使 1 号收银员仍然可以看到 10 号收银员。

这些相关性有什么含义？如果工作效率高的员工被安排

在可以观察到你的位置上，这就相当于一种社会控制行为。于是，你就更难减少对工作的投入并把工作量转移到别人身上。工作效率高的员工会直接察觉到这种行为，这就是被"监视"的收银员工作更努力的原因。在马斯和莫雷蒂的研究中，这种影响在实验进行的三年中是稳定的。不利的一面是，如果一个收银员可以被另一个工作效率较低的收银员观察到，其工作效率就会下降。这样，人们似乎更容易接受自己不像平时一样努力工作。在这样的环境中，如何安排员工的位置，对公司的工作效率有着巨大的意义。

在经济学中，这种现象被称为同伴效应，即亲密（社会）关系中的人对他人行为的影响。这种影响不仅发生在企业中，也发生在中小学和大学中。同学或同伴的成绩越好，你自己的成绩就越好。反过来，这也是通往成功职业生涯的敲门砖，因此，你最好让自己身边有技术娴熟、效率较高的同伴。

小结

社会规范影响着人们在不同情况下做出的决策。一些被视作恰当的行为会影响其他人的行为，在职业生活中也是如此。在这种情况下，一个人的行为能否被别人观察到，是非常重要的。如果能被观察到，此人的工作表现会与那些能够观察到自己的同伴趋同。

第 20 章
为什么认同公司的使命对员工来说很重要

如今，几乎所有公司都有一个"使命宣言"，即对公司目标的描述。使命宣言的目的是对公司内外表明其立场及价值观。如果员工认同这些立场和价值观，他们会工作得更好吗？

德国联邦铁路公司（Deutsche Bahn）喜欢夸耀自己是全球领先的交通服务提供商，非常重视舒适性和准时性。作为它的长期客户，我总是对铁路公司的浮夸标准微微一笑。对我来说，只要我每周在奥地利和德国之间往返的火车能准时到达目的地就足够了（在过去几年里，这种情况却越来越少）。该公司的使命与客户的看法完全不符——德国联邦铁路公司的员工可能也这么想。当公司的官方目标一再与现实发生冲突时，员工会发现自己越来越难以认同公司的目标。当然，不仅德国联邦铁路公司如此，所有公司都是如此。

确保员工对公司的目标和价值观持积极态度，是公司的合法利益，因为这会让员工对工作有更多的投入和更好的业绩表现。首先，公司希望提高员工的工作满意度。其次，公司还相信这会提高员工的工作效率。员工所接受和认同的公司使命不仅向客户展示了公司的立场，而且还产生了直接的经济效益。然而，在不失真的条件下，衡量和量化这种效益是一项具有重要实际意义的研究挑战。企业需要知道认同其使命是否重要，因为这可能会对人员招聘产生直接影响。

美国佛蒙特州米德尔伯里学院（Middlebury College）的杰弗里·卡彭特（Jeffrey Carpenter）针对如何衡量员工对公司使命的认可是否真的会影响工作效率这一问题提出了一个绝妙的想法。卡彭特在 2012 年美国总统大选前两个月进行了以下研究：研究者询问了对兼职副业感兴趣的学生的政治态度，以及他们对民主党时任总统巴拉克·奥巴马（Barack Obama）和共和党挑战者米特·罗姆尼（Mitt Romney）的看法。研究者要求学生们回答几个问题：谁在竞选活动中的立场对他们更有吸引力？他们会投票给谁？他们是否是其中一个政党的登记选民？

在选举前几周，学生们得到了一份短期工作，要求他们为两位候选人中的一位寄信给俄亥俄州的选民（俄亥俄州是总统选举竞争激烈的州）。由谁来为哪位候选人写信、寄信，完全是随机分配的。随机分配意味着一些学生能够为他们支持的候选人工作，而另一些人则被要求为他们反对的候选人助选。换言之，这意味着一些人认同他们的"雇主"，而另一些人则对"雇主"持反对意见。

卡彭特的研究证明，如果研究参与者被允许为自己喜欢的候选人工作，即认可候选人的（政治）使命，那么他们的工作效率会高出约 70%。更高的工作效率意味着工作速度更快和犯错更少。那些不得不为自己不喜欢的候选人工作的人，比那些对两位候选人都持完全中立立场的人要少工作 40% 以上。那些不得不为罗姆尼发送信函的奥巴马支持者的工作效率比为奥巴马派发信函的奥巴马支持者低 50% 左右。同样地，罗姆尼的支持者在为他们的候选人工作时的效率是其为奥巴马工作时的两倍。

认同雇主的目标对员工的积极性有很大影响。相反，公司目标和员工态度之间的巨大差异会降低员工的工作效率。

卡彭特还关注到这样一个问题：如果员工不认同雇主的目标，是否可以在一定程度上花钱"买到"他们的积极性？在他的研究中，不论工作效率如何，一些参与者都获得了固定报酬。于是，研究者得出了前文所描述的结果。而另一组参与者做的工作越多，得到的报酬就越多。结果表明，为自己喜欢的候选人工作的学生在获得额外的报酬时，工作产出仅略有增加，认同候选人的目标显然是努力工作的充分动力。对那些不得不为自己反对的候选人工作的学生来说，情况就大不相同了，如果给他们额外的报酬来提高业绩，他们的工作产出会明显增加。与固定薪酬的情况相比，他们与认同候选人观点的学生群体之间的差异下降了约 50%。

　　经济激励至少可以减少但不能完全消除员工与公司的目标和价值观之间存在的差异，这种差异会导致员工缺乏工作动力。当员工认同公司的使命时，工作对他们来说似乎就不那么艰辛了，其工作效率也明显提高。这些发现再次表明了人员选择的重要性，因为如果员工能够认同公司的使命，公司就会获得足够多的回报。

小结

　　越来越多的公司正致力于拥有明确的企业使命，并创建一系列它们承诺的价值观。但是，如果公司的员工不认同该使命，其工作表现就会因为缺乏动力而受到负面影响。

第 21 章
为什么团队成员的合作能力越强，
捕获的鱼就越多

团队合作能力是招聘广告中对求职者最常见的要求之一。这是因为在许多公司中，工作是以团队形式开展的。但是，合作可以衡量吗？

　　海面波涛汹涌，但 60 岁的日本舵手信二（Shinji）却准确无误地将船驶向最好的渔场。和往常一样，当天的目标是在日本西海岸的富山湾捕捞尽可能多的鱼类，然后在当地市场和大型零售连锁店出售。信二和其他八个人一起工作——其中五个人在大渔船上工作，负责撒网和拖鱼；三个人在陆地上工作，他们在船离开时修理其他渔网，并负责与零售连锁店联系。信二团队的一个特别之处在于，总捕鱼量在团队成员中是平均分配的，虽然作为舵手的信二独自决定船的航向，但所有人都是平等的伙伴。富山湾有许多这样的团队：几个人一起工作，平等地分享捕捞的成果。信二对团队中的同事都非常满意，他们中的大多数人他都认识很多年了。每个人都会帮助另一个人，当某个人某天感觉不太好的时候，每个人都愿意施以援手。信二知道，并不是所有团队都这样。在其他船上，关于每个成员是否对总捕获量做出了自己应有贡献的争论更加频繁。

与团队合作相关的经济学研究很早就认识到，团队合作有其光明的一面，也有其黑暗的一面。团队合作的一个关键优势是，拥有不同技能的人聚集在一起，每个人都可以专注于自己擅长的事情。这就是所谓的通过劳动分工提高工作效率，这一思想可以追溯至 19 世纪初的大卫·李嘉图（David Ricardo）。

与独自完成特定任务的个人相比，团队合作的一个主要缺点是，团队往往会吸引"不劳而获者"。这意味着一个团队成员的懒惰是以牺牲其他人为代价的；他付出得少，没有尽全力。当团队合作的回报（例如当天的捕鱼量）在所有成员中平均分配时，带来的负面结果是，这会诱使每位成员减少自己的努力："我会放轻松的，让其他人去努力工作吧。"懒惰的人可以享受别人的劳动成果。当每个人都以这种方式思考时，没有人会再有动力，团队的工作效率也会下降，每个人的情况都会更糟。例如，如果在信二的船上拉网的工人对把鱼带到市场和零售连锁店的同事感到不满，他们可能会减少努力，这对整个渔民群体来说都是一种损害。在团队合作中，重要的是每个人都相信其他人在为团队的利益工作，否则，会有人降低自己的工作效率。这叫作有条件的合作。如果有人期望并实际察觉到其他团队成员也在为团队利益工作，那么他就会对团队做出贡献。

美国佛蒙特州米德尔伯里学院的杰夫·卡彭特在一项研究中调查了这一问题，即团队中有条件合作的程度是否会带来更高的工作效率。为此，他对日本渔民进行了田野调查。首先，他衡量了渔民个人的合作意愿。每四个人组成一组，然后每个人都分到了一笔钱，可以自己留着，也可以放进集体的存钱罐里。研究人员把集体存钱罐里的金额翻了一倍，然后平均分配给一组中的四个人。这意味着，当你把一个单位的钱放进罐子里时，它会变成两个单位的钱在组内进行分配，所以四个人中的每一个最终都会得到半个单位的钱。如果你为自己保留一个单位的钱，它仍然是一个完整的单位——从个人角度来看，这比把钱放进罐子里更有利可图。因此，每个人都有把钱留给自己的动机，而不把钱放进集体的存钱罐里。

参与该研究的渔民的行为表明，平均而言，他们的合作程度相对较高——也就是说，他们愿意把钱放进集体的存钱罐里。然而，在分享捕捞收获的渔民团队之间，其成员在合作程度方面存在相当大的差异，这些差异反映在了实际捕获量中。平均而言，那些捕鱼最多的团队，其成员表现出了最大的合作意愿。

　　合作可以提高工作效率，因为它激励所有人齐心协力，关注共同利益，而不是只考虑自己的个人利益。这就是如此多的招聘广告强调团队合作能力的原因——合作能力是招聘的关键要求，也是信二对他的团队成员感到如此满意的原因。

小结

　　工作团队依赖于每位成员为团队成功所付出的努力。人们对他人合作的期待和感知越多，合作就越频繁。这种有条件的合作意味着，拥有许多善于与他人合作的成员，在总体上会使团队更加成功、更富有成效。

第 22 章
为什么给员工赋权可以"救命"

团队协作对所有公司来说都很重要。然而，团队合作也很容易在不经意间导致占别人便宜的行为。好的组织可以防止这种情况的发生，尤其是在团队成员对团队的组织和规则有发言权的情况下。

现在是美国一个大城市的凌晨 3 点，综合医院的急诊室非常繁忙。接待员记录新入院患者的症状和疼痛类型，然后迅速将患者分配给由两名急诊医生组成的团队。早些年，接待员必须决定由两位医生中的哪一位来接诊。今天，接待员不再需要做这个决定。现在任务分配方式不一样了。患者会被带到拐角处的医疗队急诊室病区，然后由两名医生中的一名决定谁来负责治疗这位患者。事实证明，这种新的分配方式给患者带来了巨大的好处。斯坦福大学戴维·陈（David Chan）的一项研究表明，患者不必等待太长时间就能得到治疗，而且也不用接受质量下降的医疗服务。为什么会这样？为什么组织形式在这个例子中对工作效率起到至关重要的作用？

一家公司的工作流程可能会促进合作，也可能会鼓励不劳而获的行为，此外，由于少数成员不为团队的共同成就做贡献，团队的整体表现会受到影响。本章开篇就以一家大型城市医院的急诊室为例，说明了组织形式是如何影响团队的工作效率的。

戴维·陈分析了六年来超过 38 万名急诊室患者的治疗数据。起初，有两个平行的系统将患者分配给医生——要么通过接待员，要么直接由治疗室的两名医生来进行分配。通过同时使用这两个系统，医院希望了解哪个系统对患者和医院更有利。从某种意义上说，医院对一个关键过程的组织问题进行了实验。

由团队中的医生代替接待员分配急诊患者，产生了更好的结果：治疗时间平均缩短了近半个小时。调查显示，较短的治疗时间使其他急诊患者的等待时间缩短了几乎相同的时间，并提高了患者的满意度。在对两种分配系统进行比较后发现，较短的治疗时间并没有降低治疗质量。以下三个方面被视为衡量治疗质量的标准：急诊患者在治疗后 30 天内死亡的可能性——无论是哪一种分配系统，结果均为 2%；患者在出院后 14 天内不得不返回医院的可能性；治疗费用。这两种分配系统在上述每一个标准上都没有差别。那么，为什么治疗的时间更短了？在这里，不同组织过程的两个组成部分起到了决定性作用。

　　由医疗小组进行分配，而不是由接待员进行分配，可以更好地评估医生对特定疾病的专业知识，并利用这些专业知识使患者受益。这两位医生通常知道他们中的哪一位对某一特定病例更有经验，或者谁针对某一特定疾病受过专门训练。但正如戴维·陈的数据所显示的那样，另一个令人意外的因素也同样重要。当分配任务由接待员完成时，治疗的时间越长，候诊室里坐着的急诊患者就越多。换句话说，医生们放慢了速度，以向急诊室发出信号：他们很忙，不想再被分配更多的患者。这是上一章中讨论过的内容，即团队中存在不劳而获者。有趣的是，由医生对急诊患者进行分配时，并没有出现治疗的持续时间随着候诊室中患者数量的增加而增加的现象。

　　对团队任务分配的共同决策减少了出现不劳而获行为的可能性，并有助于团队合作取得成功。

　　共同决策会增加团队合作的意愿，这一见解不仅适用于急诊室，而且适用于更广泛的场景。在一个联合研究项目中，我、马丁·科赫尔和斯特凡·海格纳让团队成员参与一项合作任务——共同决定合作行为是否应该得到奖励，以及不劳而获是否应该受到惩罚。与仅仅由外部强加规则的情况相比，有了这种形式的共同决策，团队成员的合作水平提高了约

30%。当每个成员对团队的组织和规则都有发言权时，不劳而获的情况就会大大减少。我们喜欢将团队合作的程度称为共同决策的奖赏。

小结

在工作团队中，各种任务必须尽可能高效地分配给单个成员，才能使团队取得成功。当所有团队成员对任务的分配都有发言权时，成员的积极性就会提高，合作效果也会得到提升。

第 23 章
为什么领导者的示范行为很重要

———

具有分层结构的组织通常认为，通过明确的指示和要求来指导员工的行为是最好的。管理者的行为其实会起到更大的作用，因为人类的行为往往建立在模仿的基础上。

在我年轻的时候，我每年夏天都在我叔叔的玻璃店工作。在那里，我不仅学到了很多关于安装玻璃的技巧和其他的实用知识，还从叔叔身上学到了如何领导员工。通常，我叔叔是第一个到达办公场所的人；他会帮助别人完成一项困难的工作，即使其他人原本可以自己完成这项工作。作为公司的老板和创始人，他拥有权威，在重要决策上有最终决定权，但他也亲身示范了他对员工的期望：对公司足够投入、同事之间相互合作。有时我和叔叔去远足，他会给我讲他公司的故事。有一些话一直萦绕在我的脑海里："是的，对有些人，我不得不一次又一次地告诉他们到底应该做什么。如果他们看到，我不因为自己是老板而不太愿意亲自伸出援手，或者也不愿意去帮助他们修理机器或完成组装工作，那么他们可能很愿意效仿我，去做一些帮助别人的事。"

总的原则是，优秀的领导者会树立员工愿意效仿的好榜样。历史上的名人都知道这一点。诺贝尔和平奖得主阿尔贝特·施韦泽（Albert Schweitzer）总结道："以身作则就是领导力。"这一认知对现代组织来说很重要，因为树立榜样在许多情况下都是一种工具，可以指导员工该如何应对那些难以直接发出命令或指示的事情。

以身作则适用于各种各样的情况：在玻璃店里，老板可以亲自出手相助；在研究机构中，主任可以亲自为圣诞晚会装饰房间并带来食物；美国俄亥俄州托莱多大学（University of Toledo）的理查德·约翰逊（Richard Johnson）进行的一项研究显示，在警察的工作中也是如此。

约翰逊研究了警察在巡逻时的行为。他分析了两个美国警区的数据，在那里，警察的巡逻活动都是以电子方式收集的。这项研究的一个决定性因素是，警察的直属上级的活动也是已知的。这些警衔较高的警察也会去巡逻（尽管他们巡逻的频率较低）。巡逻任务的时间可以通过多种不同的方式来确定。约翰逊感兴趣的是，普通警察的行为是否反映了他们上级的行为。这并不是理所当然的，因为巡逻任务的规则相对模糊（"维持公共秩序""在可疑的情况下进行干预"等），而且警察只有在出现重大疏忽和错误时才会受到警告。因此，指挥这些警察的活动并不容易。然而，在许多管理者看来，积极主动的部署是可取的，例如更频繁地巡查问题片区或寻求与市民的联系。由于普通警察也可以通过电子途径查看其上司的活动记录，因此相关研究也可以探究上司的行为是否会对普通警察的活动产生影响。

约翰逊调查了美国两个警区中的约 1400 个巡逻区域，发现上级的活动对普通警察的活动情况有重大影响。如果直属上级在执勤时积极主动，其下属警察效仿他的可能性就会增加一倍。该结果具有显著性，因为直属上级几乎没有制裁和指导其下属的选择，也因为管理巡逻区域设计的规定给了警察们很大的自由活动空间。这种自由活动空间也适用于管理者。如果管理者以某种方式（例如主动部署）行使了这种自由，则会加强其下属遵循这种活动模式的意愿。

这种潜在的行为模式是普遍的：人们经常在社会环境中适应他人的行为。因为这种行为模式的存在，以身作则才有效，但它也要求管理者自己能够展现出他们期望在团队中其他人身上看到的行为。

因此，当我的叔叔在别人组装玻璃时去帮忙，或者早上第一个到办公室时，这意味着他作为榜样的领导力，而他的员工们很乐意效仿他。不过，这种行为模式的不利之处在于，树立一个坏榜样（例如，对于无足轻重的工作太过包容）会对下属的工作投入程度和积极性产生负面影响。

小结

人们会模仿那些在他们生活中重要的人的行为。这种模仿倾向使公司中的领导力变得至关重要。如果高管们不是说说而已，而是付诸行动，员工们也会效仿他们。

第 24 章
为什么自私的领导者最终会得到自私的
追随者

人类是具有合作潜力和合作能力的社会存在，能够为共同利益而共同努力，即便参与合作的人互不相识。在动物界，这种情况只会发生在基因相关联的动物身上，人类却可以做得更好。树立一个好的榜样对个人而言至关重要。

当我谈到合作的价值，并介绍我自己对这一主题的研究时，我喜欢从一则古老的寓言开始，它向我们解释了合作是怎么一回事。这个寓言是这样的：

一个男人和一个女人想结婚。他们没有多少钱，但他们仍然认为应该邀请很多人参加他们的婚礼。他们认为，和别人分享快乐，会得到双倍的快乐。所以他们决定举行一场盛大的婚宴，邀请众多宾客前来参加。为了使这场宴会成为可能，他们要求所有的客人都带上一瓶酒。入口处会有一个大桶，所有客人都会把他们带的酒倒进去。这样，每个人都能喝到彼此带来的礼物，大家会一起在欢乐中祝福这对新人。宴会开始时，侍者们跑到大桶前，从中舀了几杯酒。当大家发现原来桶里装满的是水而不是酒时，都吓坏了。在他们意识到发生了什么后，他们或坐在那里一言不发，或站在周围目瞪口呆——每位客人之前想的都是，如果自己倒进去一瓶水，没有人会注意到有什么不同，也没有人会尝出它的味道。现在他们知道了，每个人都有同样的想法："今天，我想以牺牲他人为代价来参加宴会。"

这个寓言强调了团队合作的重要性。每个成员都有一个动机：尽可能减少自己对团队的贡献（带便宜的水而不是昂贵的酒），同时希望其他所有人尽可能多地做出贡献（带来的是酒而不是水）。当每个人都以这样的方式行事时，共同利益就无法实现——这将是一个令人难过的宴会。但是，当每个成员都做出贡献时，所有人都会受益——这将是一场有美酒相伴的美妙聚会（今天的人们很难想象，所有客人都把不同的酒倒进同一个大桶里会怎样——这对酒品鉴赏家来说是一场噩梦）。

婚宴的寓言在生活中的许多领域都适用。事实证明，如果每个球员都为下一个球员进行一些阻挡和防守，以纠正其他球员的错误，那么足球队就会更加成功；当每个团队成员都积极参与研究项目，并且不依赖其他人去执行困难的工作步骤时，团队就能成功地完成项目；当研究和开发工作得到协调时，彼此合作的商业项目就会进展得更加顺利；当重要信息按时得到共享时，团队的工作就会更加顺畅。这样的例子不胜枚举。合作对所有参与者的好处显而易见。但是，个体仍然有动机成为不劳而获的人，这种人对团队的共同利益贡献很少或根本没有贡献。在这样的情况下，成功合作的条件是什么？

我在几个研究项目中调查过一个特定因素。具体来说，我研究了合作是否取决于团队中的一个人是否树立了好榜样的问题。在方法论方面，这些研究采用了所谓的"囚徒困境"方法。简而言之，这意味着如果团队成员都不合作，那么对组成该团队的几个人来说，每个人在经济上（或其他方面）都会更好。同时，如果每个人都百分之百地合作，团队就会有最好的表现。在前面的寓言中，如果每位客人都带来了一瓶酒，那么每个人都会得到最好的体验，这样大家就可以开心地庆祝了。但如果他们把水倒进桶里，每个人都可以节省一瓶酒钱。

当一个团队成员首先决定他的贡献，即合作的程度，其他人看到这个成员的贡献，然后再决定他们自己的贡献时，合作的意愿会增加吗？让我们继续举这个寓言的例子：当第一个人把瓶子里装的东西倒进桶里，并检查倒进去的是水还是酒时，所有参加婚礼的客人都在观望和等待。只有到那时，他们才能决定自己是想提供水还是提供酒。

我所有的研究都表明，如果一个或几个成员树立了好的榜样，团队中的合作程度会高很多。其他团队成员会适应他人的合作行为。这种"有条件的合作"已经在第 21 章中进行了讨论。当人们看到或预料到其他人也会合作时，他们就会愿意合作。

如果榜样的树立是自愿的，那么正面的榜样尤其有效。如果有人被迫进行合作，合作是行不通的。

树立一个糟糕的榜样将导致团队合作受到阻碍，因为没有人愿意被不劳而获者利用。当然，在这方面，管理者尤其需要以身作则。他们的合作行为极有可能会被模仿，而那些自私自利、不劳而获的管理者往往期待看到员工之间的合作，最终却看不到任何形式的合作，因为团队成员会尽可能地少为团队做贡献。

领导力只有通过以身作则才能奏效。用圣雄甘地（Mahatma Gandhi）的话来说："欲变世界，先变其身。"

小结

如果其他成员会进行合作，那么团队中的许多人都会合作。这种有条件合作的人类特性使得树立一个好的榜样成为提高团队工作效率的重要工具。

第 25 章
为什么推荐在招聘时采用性别配额

行为经济学的研究表明，在与他人竞争的意愿方面，男女两性之间存在很大差异。为什么会这样？这一差异对劳动力市场有什么意义？对关于性别配额的分歧讨论又意味着什么？

丽贝卡（Rebecca）正坐在她所在大学的一个计算机实验室的屏幕前。她是一项学术研究的数百名参与者之一，该研究调查的是男性和女性的竞争态度。丽贝卡的任务是将五个两位数相加。她有三分钟时间来完成尽可能多的（五个两位数数字的）加法运算。除了铅笔和纸之外，她不能使用额外的帮助。在丽贝卡开始这项任务之前，她必须决定自己想让研究人员采用何种方式给她支付报酬。她有两种选择：第一种选择是，每算对一道题，她将获得 0.50 美元。第二种选择是，如果她是六人小组中计算正确率最高的前两名，那么每算对一道题，她将获得 1.50 美元。这个六人小组包括三名男性和三名女性（其中包括丽贝卡）。但如果丽贝卡不是第二种付款选择中计算正确率最高的两个人之一，她就没有任何报酬。因此，第二种选择风险更大。但如果丽贝卡是正确率最高的两个人之一，那么第二种选择在经济上也更具有吸引力。虽然丽贝卡的数学一直很好，心算对她来说也很容易，但经过短暂的考虑后，她做出了第一种选择。她认为，每次计算至少能得到 0.50 美元，这是肯定的。她在三分钟内完成了 11 次正确的加法运算，得到了 5.50 美元。

上面描述的情况来自我与同事劳卡斯·巴拉福塔斯一起发表在《科学》（Science）杂志上的一项研究。我们在因斯布鲁克大学发现的结果，与来自斯坦福大学的缪丽尔·尼德勒（Muriel Niederle）等人在哈佛大学的研究结果非常吻合。我们的研究首先调查了男性和女性在选择报酬支付方式时是否存在差异。尽管从统计数据来看，男性和女性同样擅长做加法——男性平均在三分钟内完成了 7.50 道题，而女性在这段时间内完成了 7.41 道题——但 63% 的男性选择了第二种付款方式，而选择这种方式的女性只有 30%。从这一结果中可以看出，女性明显回避竞争，而约有三分之二的男性愿意与他人进行竞争。

无数研究已经证实，男性和女性在与他人竞争的意愿方面存在巨大差异。这种差异可以解释为女性更厌恶风险，而男性总是高估自己。但是，即使我们把这些重要因素考虑在内，一个无法解释的东西仍然存在，这在学术文献中被称作

"纯粹的"性别差异。通常来说，女性比男性更不喜欢竞争环境，尽管男女两性在竞争压力下表现得同样出色。

为什么这一点很重要？与男性相比，女性在劳动力市场上的收入较低，晋升到高级管理层或董事会的可能性较小，这仍然是一个事实。对这一事实的解释已经存在了几十年，理由包括对女性的歧视、就业中断（由于有了孩子），或者当她们的配偶在工作中面临不平等时女性在平衡家庭和工作方面遇到的困难等。近15年来，另一个因素在行为经济学文献中被大量讨论，即男性和女性之间竞争意愿的差异。在现代劳动力市场上，一个人必须接受有吸引力的职位的竞争，才能先获得机会。但是，如果其中一种性别，即女性，比另一种性别更不愿意冒险，从而回避竞争，即使她们在客观上表现得同样出色，那么另一种性别，即男性，也将更容易取得成功。

无论性别如何，为空缺职位找到最佳人选符合每个公司的利益，也符合整个社会的利益。要实现这一目标，没有理想的办法，但配额政策可能会有所帮助。在我们的研究中，我们想探究配额政策可能产生的影响。为此，我们添加了一个条件，稍微改变一下上述示例中的第二种报酬支付选择。新的规定是，在六人小组的三名女性中，正确率最高的那个人一定会获胜（每正确计算一道数学题，即可获得1.50美元），剩下的五个人中正确率最高的一个人将获得亚军。这一规定符合配额制度，即两名获胜者中必须有一名是女性。

这种影响比我在研究开始之前预期的要积极得多（并导致我改变了主意）。在这一配额制度下，53% 的女性选择了参与第二种报酬支付方式的竞争（仍有约 60% 的男性选择此方式）。事实上，女性中最优秀的人，比如前文例子中的丽贝卡，选择了参与竞争，这一点在这里尤其重要。因平权法案而被雇用的人表现不佳，这一未经证实的观点与我们的研究结果（以及其他许多人的研究结果）无论如何都是不一致的。因此，现在是时候开始讨论像女性配额这种可能有争议的问题了，包括去更多地了解以下问题，如：为什么与他人竞争的意愿关乎选在大学修读的专业或未来的职业；家庭和周围文化在其中扮演什么角色；性别差异在什么时候发挥作用。下面的章节将讨论这些话题。

小结

行为经济学家发现，与男性相比，女性通常更不愿意与他人竞争，这对男女两性的职业生涯都会产生影响。配额制度可以激励最合适的女性参与竞争，从而增加她们晋升的机会。人们对不合格的"配额女性"的担忧与经验证据不符。

第 26 章
为什么你的态度越有竞争力，你一生的收入就越高

与他人竞争的意愿影响着人们对工作培训和大学专业的选择，同时也影响一个人是否会申请某份工作。因此，与他人竞争的意愿在性别方面的差异会影响人们的职业选择和未来的收入。

在斯坦福大学任教的经济学家缪丽尔·尼德勒和匹兹堡大学（University of Pittsburgh）的莱斯·韦斯特隆德（Lies Vesterlund）被视为研究衡量与他人竞争态度的先驱。在简单的实验安排中——比如上一章中所概述的那样，我在自己关于配额政策影响的研究中所使用的实验安排即为简单的实验安排——平均而言，女性显然远不如男性更愿意参与竞争。大约 15 年前，尼德勒和韦斯特隆德开始进行的研究仍然是百分之百的实验室研究。这些实验的参与者是学生，他们在持续时间约一小时的实验中，必须在电脑上决定，自己是否愿意完成某项任务，即通过得出正确答案而获得报酬。例如，

将两位数相加，得出正确答案，其报酬与其他测试者的表现无关，或报酬的多少取决于与其他人竞争的情况。如果他们选择通过竞争获得报酬，那么只有在竞争中表现最好的人才能获得报酬，其他人则一无所获。

这样的实验研究不可避免地提出了外部效度的问题，即短期实验室实验背景下的行为是否对实验室外的行为也有意义。在我们的案例中，问题是在尼德勒、韦斯特隆德和其他许多人进行的实验室研究中发现的性别差异是否也与现实生活相关。最近的研究证明，这些研究发现在现实生活中确实也有意义，因为竞争的意愿会影响人们做出关于接受培训和选择大学专业的决定，而且会在人们在劳动力市场上找工作时发挥重要作用。

在一项针对荷兰高中生的大规模研究中，尼德勒和她的同事们首先通过实验测试了15岁的男生和女生对竞争的态度。之后，他们追踪了这些年轻人的早期职业生涯。在高中毕业前的三年，荷兰青少年必须决定，自己在学校的最后三年要选择哪种培训项目，这样的项目有四个，即自然与科技、自然与健康、经济与社会、文化与社会。在涉及科学相关科目（如数学、物理或化学）时，培训项目的难度会有所不同。学生所选择的领域是他们高中毕业后将在大学里学习哪些科目的最佳指标。如果他们更多地选择以科学为导向的培训项目，大学自然会培养出更多学习科学相关科目的毕业生，他们的平均收入将高于对科学不太感兴趣的毕业生。

尼德勒和她的同事们表示，竞争意愿是选择培训项目，也是后期选择大学专业的一个有效指标。更偏好竞争的年轻人明显更多地选择了以科学为导向的培训项目。当他们在实验任务中将青少年的学校表现、风险厌恶情况及其个人能力考虑在内时，这种相关性仍然存在。

竞争意愿不仅对教育事业至关重要，而且对一个人是否会申请劳动力市场上的某个具体职位也至关重要。芝加哥大学（University of Chicago）的约翰·A.利斯特（John A. List）领导了一个研究小组，针对美国16个主要城市的9000多名求职者进行了一项研究，并在研究中证实了这一点。研究者们发布了一条有关行政活动的招聘广告，求职者必须先公布他们的个人兴趣，然后才能获得招聘广告中确切的工作描述和薪酬细节。之后，他们才能正式申请工作。这一申请程序上的技巧，使研究者们能够根据薪酬细节确定到底有多少对该职位表现出兴趣的人真正申请了这份工作。在第一种情况下，薪酬是固定的数额；在第二种情况下，薪酬为只提供较低的时薪，但如果他们的工作绩效比另一个人的工作绩效更好，则可以获得奖金，从而提高整体薪酬水平。因此，第二种情况下的薪酬包含了很强的竞争性成分。

　　利斯特等人发现，薪酬发放方式会对女性和男性是否申请某份工作的可能性产生很大影响。与不提供潜在奖金的固定时薪相比，申请有奖金竞争的工作的男性比女性多55%。女性对竞争的厌恶强烈地影响着她们在劳动力市场上的求职行为。男性在竞争环境中自我感觉良好，这可以被看作他们在做出培训决策和他们在劳动力市场上优于女性的竞争优势。家庭在其中所起到的作用将在下一章中探讨。

小结

　　与他人竞争的意愿对人生前期的培训和职业决策有着重要影响。更有竞争力的人倾向于选择以后能让他们赚更多钱的职业，并且他们更有可能申请竞争会在其中发挥作用的工作。

第 27 章
为什么父亲的地位越高，儿子的竞争意愿越强

————

大量研究表明，女性比男性更不愿意参与竞争——这对她们的职业和收入选择产生了影响。但是，这种差异是如何出现的？它们又是在哪个年龄阶段首次显现出来的呢？在此，家庭起到了非常重要的作用。

　　索菲（Sophie）喜欢上幼儿园。她才五岁，就已经上了三年幼儿园了。她在幼儿园的小组中感觉很自在，与许多孩子很亲近。今天，我和同事丹妮拉·格莱茨勒－吕茨勒带领因斯布鲁克大学的一些研究人员，一起来到了幼儿园。索菲很兴奋，因为我们与她和其他孩子一起玩游戏。对我们来说，这是一个经济研究项目，但对孩子们来说，这只是一个有趣的游戏。我们期望孩子们从许多篮子里取出所有的星形物体，并将它们放到一个容器中。每个篮子里都有很多不同的东西，所以要找到所有的星形物体并不容易。游戏只持续一分钟。一个孩子在一分钟内从篮子里拿出的星形物体越多，他（她）能从我们的实验商店里选择的礼物就越多。为了让孩子们理

解这项任务，索菲和其他孩子进行了一次测试，结果显示，她很擅长找出星形物体。

然后，我们向索菲和其他孩子解释，他们有两种方式来玩这个游戏。第一种方式是，他们能收到的礼物数量完全取决于他们能从篮子里挑出多少个星形物体。这意味着他们获得的奖励与其他孩子的表现无关。第二种方式是，如果他们比另一个孩子（来自不同的幼儿园小组）找到更多的星形物体，他们可以得到两倍的礼物。所以，现在的奖励大小取决于是否会有一个孩子表现得比另一个孩子更好。尽管索菲在找星形物体方面比大多数男孩更熟练（对此我们已经精确地测试过了），但她选择了没有竞争的第一种方式。多数女孩也是如此，而大多数男孩选择了有竞争的第二种方式，尽管平均而言，他们收集的星形物体比女孩们要少得多。

无论是女孩还是男孩，都对自己的选择很满意。当被问及自己的选择时，没有一个孩子回答说自己宁愿选择另一种方式。

我和丹妮拉·格莱茨勒－吕茨勒对男生和女生之间竞争行为的早期差异感到惊讶。在一项大型研究中，我们针对1500多名年龄在3至18岁之间的男生和女生开展了调查，研究发现，早在上幼儿园的年龄，女生就比男生更经常地回避竞争。大量研究表明，这种性别差异在成年期也存在。我和丹妮拉·格莱茨勒－吕茨勒是最早能够证明这种差异在儿童早期就已经存在，并且在以后也不会消失的研究者。

这就提出了一个问题：这些差异源于何处？一种解释是，它们可能是遗传而来的。在第 28 章中，我想对这种解释提出一些质疑。当然，遗传原因也不能完全排除在外。另一种解释侧重于家庭以及父母所形成的榜样。挪威经济学院（Norwegian School of Economics）的贝蒂尔·通戈登（Bertil Tungodden）领导一组挪威经济学家调查了家庭背景对男生和女生竞争意愿的影响。研究者让 500 多名 14 至 15 岁的青少年组成代表小组，参与一项典型的竞争性实验。在第二步中，他们将男生和女生的行为与他们父母的收入、受教育水平和价值观联系了起来。

这个竞争性实验可以与我和格莱茨勒 – 吕茨勒在幼儿园课堂所进行的比赛实验相比较。实验要求挪威青少年进行数学计算，即将两位数相加。无论其他人的表现如何，他们每次计算都可以获得 1 挪威克朗，或者，如果他们的表现优于所有参与者的平均水平，则可以获得 3 挪威克朗。通戈登等人发现，通常，这些青少年在奖励方式的选择上存在性别差异。52% 的男生和仅 32% 的女生选择了包含竞争的奖励方式。然而，除此之外，他们还发现家庭背景对这些差异有很大影响。在中等或较高收入的家庭中，性别差异相当大；相比之下，尽管来自父母受教育程度较低的低收入家庭中的男生和女生选择竞争的比例要低得多，但他们之间却不存在任何性别差异。

通戈登带领的研究小组对富裕家庭的详尽研究带来了令人兴奋的发现：父亲的受教育水平和职业地位对此产生了至关重要的影响，即父亲的受教育程度、职位和收入越高，儿子的竞争意愿越强；但父亲对女儿的竞争意愿没有影响，母亲也没有，不仅如此，母亲的受教育程度和职位高低对女儿和儿子的竞争意愿均没有影响。

这些研究发现表明，在职业上成功的父亲所树立的榜样促使他们的儿子效仿他们，因此这些儿子们变得非常有竞争力。尽管挪威是一个在男女性别方面相对非常平等的国家，但父亲的职业角色，尤其是他们通过自己的竞争意愿攀上职业阶梯的情况，似乎对男女两性竞争意愿的差异有着至关重要的影响。在一个男性往往拥有更大影响力的文化中，这一点是正确的；在其他文化中则并非如此。我们将在下一章中讨论该问题。

小结

男女两性在竞争意愿上的性别差异有助于解释劳动力市场上存在的性别差异。但男性和女性在竞争意愿方面存在差异，这不仅体现在成年时期，而且在幼儿期就已经很明显了。这与儿童的家庭有关，并且对儿童有长期影响。

第 28 章
为什么男性通常更愿意参与竞争

竞争是职业生活的一部分，然而，男性通常更愿意参与竞争。家庭背景在这方面起着至关重要的作用，周围的文化也是如此，有时文化甚至会起到令人惊讶的作用。

　　圣地亚哥大学的尤里·格尼茨（Uri Gneezy）发表了一项关于文化对竞争行为的影响的重要研究，在此之前，几乎所有关于男女两性竞争意愿的研究都发现，男性比女性更频繁地寻求竞争。一些人认为，这些差异可能是基因造成的。但目前仍没有可靠的研究表明基因如何影响我们的竞争意愿。另一些人则认为文化可能在推动竞争行为。男性仍然在大多数文化中占主导地位，因此，男性可能会觉得自己更有资格——也更有可能被他们的文化所"召唤"——去面对竞争局面。

　　如果有可能找到一种文化，在这种文化中，人们对性别角色的理解是相反的，即女性在社会中承担着更重要和更具支配性的角色，那么我们就可以在这种文化中检验女性是否比男性更具有竞争力。考虑到这一点，格尼茨及其同事们开始寻找一种让女性承担更重要角色的文化。虽然 100% 的母系氏族社会似乎并不存在，但他们还是在印度东北部找到了一个母系氏族社会，那里生活着约 100 万卡西人（Khasi）。在这个群体中，家族成员是由女性而不是男性界定的，家庭中总是由最小的女儿（从母亲那里）继承财富和财产。婚后，丈夫搬去与妻子同住（虽然他仍然会花一些时间与原来的家人在一起），在婚姻过程中丈夫获得的财富和财产属于妻子。在这个社会中，女性的作用远比男性更为突出，这使它与西方社会的一般情况截然不同。

因此，格尼茨等人预测，卡西族女性比卡西族男性更具竞争力。与以往有关竞争意愿的研究一样，参与者可以选择与他人表现无关的报酬支付方式，也可以选择只有当自己比团队中的另一个人表现更优秀时才能获得报酬的方式。实验任务是将一个网球从距离 3 码 ① 远的地方扔进垃圾篮，而且不能让它再次弹跳出来。每个参与者都有 10 次尝试机会。在没有竞争的支付方式中，参与者每成功一次就可获得 20 印度卢比的报酬；在有竞争的支付方式中，如果一个人比随机分配的另一个人表现得更好，这个人将获得 60 卢比。80 名卡西人平均有 2.4 次成功的尝试，也就是说，几乎每投 4 次就会投中 1 次（网球会留在篮子里）。与众多其他研究相比，卡西族女性

---

① 1 码 ≈ 0.9144 米。——编者注

显然更愿意选择有竞争的支付方式，她们选择该方式的比例为 54%，而男性做出同样选择的比例仅为 39%，这一点令人吃惊，但尤里·格尼茨等人对此并不感到惊讶，因为这与他们的预期结果一致。

这项研究以坦桑尼亚（Tanzania）的马赛人（Masai）为对照组。马赛人生活在一个相对古老的父权社会里，在这个社会中，女性的权利比男性要少得多，其影响力也小得多。75 名马赛人参加了实验，实验内容与卡西人的实验相同。实验结果显示，在这个父权社会中，出现了一幅众所周知的画面，即男性远比女性更具竞争性。52% 的男性和仅 26% 的女性选择了有竞争的支付方式。而在卡西人这里，这一比例几乎正好相反。因此，文化对男女两性是否会选择有竞争的支付方式产生了影响。

这一点很重要，因为文化影响着人们的关键经济偏好——例如，文化对竞争的影响——从而将经济决策引向某个方向，而这反过来又会对男女两性的职业发展产生影响。

小结

我们的行为是由我们成长和做事的文化塑造的，因此，对男性和女性行为的期望也受到文化的制约，这对劳动力市场产生了极为重大的影响。

第 29 章
为什么在世界各地男性的平均收入都比女性要高

在世界各地，男性的平均收入要比女性高。传统的解释将这种现象归因于男女两性的受教育差异和不同的就业中断情况。新的研究发现显示，除此之外，在导致薪酬差异的薪酬谈判中也存在性别差异。

　　每年——通常是在初秋——一些国家的媒体都会报道同工同酬日 ①，这一天的宣传致力于提高人们对性别之间存在薪酬差距的认识。同工同酬日应该是我们可以看到某个特定国家的女性收入占男性收入百分比的日子。在美国，女性的平均年薪占男性平均年薪的百分比略高于 80%。然而，在这一总体水平上，由于教育、职业年限、每周工作时间（全职或半全职）或中断就业的时间（如抚养子女）的不同而产生的薪酬差异并没有得到充分考虑。但是，即使考虑到这些因素，

---

① 联合国将每年 9 月 18 日定为国际同工同酬日。——编者注

女性的收入也仍然低于从事同样工作和具备同样资格的男性。无须多言，这与西方世界的公平正义理念相冲突。为了改变这种状况，我们需要更多地了解造成性别之间薪酬差异的可能原因。

2003 年，美国卡内基梅隆大学（Carnegie Mellon University）的琳达·巴布科克（Linda Babcock）和萨拉·拉斯谢弗（Sara Laschever）就这一主题写了一本非常有影响力的书，名为《好女不过问：谈判和性别鸿沟》（*Women Don't Ask: Negotiation and the Gender Divide*）。这本书中的关键信息是，男性在接受一份新工作时，更有可能想与雇主协商他们的薪酬；相比之下，女性只会简单地接受雇主提供的薪酬。根据对雇主和雇员的采访，巴布科克和拉斯谢弗得出结论，男性在面试中想要协商薪酬的次数是女性的四倍。那些不为第一份工作协商薪酬的人，一生中竟然有可能放弃了超过 50 万美元的收入，因为一个人第一份工作的薪酬为以后所有雇主给他或她的薪酬设定了参考点。

因此，如果你第一份工作的收入较低，你有可能会终身处于不利地位，因为你未来所有工作的平均薪酬也会相对较低。

尽管巴布科克和拉斯谢弗的发现很重要，但她们的这本书有一个小遗憾，即将男女之间的薪酬差异在一定程度上归因于女性本身：她们只是不要求得到更多。在此，我们需要问两个问题：女性真的不会提要求吗？招聘过程中的某些规则是否有助于减少谈判行为中的性别差异呢？

澳大利亚莫纳什大学（Monash University）的安德烈亚斯·莱布兰特（Andreas Leibbrandt）和芝加哥大学的约翰·A. 利斯特进行的一项研究为这两个问题提供了答案。这两位研究者公布了美国几个大城市行政活动的职位空缺。感兴趣的求职者在收到更为详细的职位描述之前，必须先提供自己的联系方式。然后，他们才能正式进行申请。职位描述有两个版本，每个申请人只看得到其中一个。在这两个版本中，研究者都给出了 17.60 美元的时薪。在第一个版本中，他们明确解释说，薪酬是可以协商的；在第二个版本中，他们去掉了这一附加条款，让"薪酬是否可以协商"成了开放性问题。研究者对以下两个方面感兴趣：第一，申请工作的男女人数是否取决于薪酬是否被描述为可协商的？第二，男性和女性在薪酬要求方面对这两个版本的反应是否不同？

二者之间的差异确实很明显。当薪酬没有被明确描述为"可协商的"时，申请的男性人数就会比女性多。当薪酬被规定为"可协商的"时，申请的男女人数差异要小得多。更重要的是莱布兰特和利斯特的第二个发现。当薪酬被描述为"可协商的"时，要求更高薪酬的女性和男性一样多——例如，她们说自己实际上的期望时薪是每小时 20 美元，或者说这份工作给定的时薪数额与她们上一份工作的时薪相同。在这种情况下，要求更高薪酬的意愿不存在性别差异。套用巴布科克和拉斯谢弗的话："女人确实会问这样的问题。"然而，在没有提供额外信息说明 17.60 美元的规定薪酬是可以协商的情况下，莱布兰特和利斯特确实发现了很大的差异。在这种情况下，男性比女性更频繁地要求更高的薪酬，而女性比男性更频繁地提出，每小时薪酬低于 17.60 美元，她们也愿意接受。

研究结果表明了一个简单的结论。如果在某个劳动力市场上，男性和女性都清楚薪酬是可以协商的（在一定限度内），那么男性和女性协商（更高）薪酬的频率就不存在差异——这可能是实现薪酬公平的第一步。至于男性和女性在谈判中是否会取得同样的成功，就是另外一个问题了。

小结

对于男性平均收入高于女性这一事实的解释有很多，而且是多方面的。某些性别差异可以归因于男性在薪酬谈判中比女性更加自信，要求加薪的频率也更高。但是，当薪酬可以进行协商这一事实得到明确时，薪酬谈判中的这些性别差异就会消失。

第 30 章
为什么当女性进入董事会时，每位员工的收入都会增加

世界各地的绝大多数董事和首席执行官仍然是男性。在罗素 1000 指数纳入的公司中，只有大约 20% 的董事会成员是女性。在这里，我们要问的是，董事会中女性人数的增加或减少是否会对员工的薪酬范围和工作效率产生影响。

在一家公司里，被任命为董事会成员是一个人职业生涯的巅峰，因为这意味着这个人已经"成功"了。为了实现这一目标，具备第 48 章中所描述的个人素质会有帮助：平均而言，董事会成员比董事会级别以下的员工具备更强的能力（包括智力和社交技能），能把事情做好，更有魅力，在处理任务时也会更有战略性。但是，董事会成员更有可能是男性。即使女性具备和男性同样的资格，女性被任命为董事会成员的频率也较低。但董事会成员，尤其是首席执行官，对公司成功的影响已经得到了证实。女性是否在董事会任职，这很重要吗？

美国北卡罗来纳大学（University of North Carolina）的卢卡·弗拉比（Luca Flabbi）就这个问题进行了研究。他与同事们一起接触了1000多家意大利制造企业的数据，这些数据包括所有员工的职位、薪酬和性别信息，还包括有关公司工作效率的信息，例如每位员工的销售收入。

在意大利的整个制造业中，女性在劳动力中所占的比例刚刚超过25%。所有董事会成员中只有3%是女性，所有首席执行官中只有2%是女性。弗拉比等人想知道，董事会中的女性比例如何影响相关公司的薪酬分配和工作效率。他们考虑到，与那些只有男性董事的公司相比，董事会中有女性董事的公司平均雇员人数较少，收入较低。因此，女性在董事会中的影响实际上可以通过明确的方法来检验，特别是在分析一家公司的发展情况时，在某些时期该公司董事会中只有男性，而在其他时期，当董事会中也有女性时，女性在董事会中的影响就可以被检验出来。

弗拉比等人的研究结果表明，当女性活跃在董事会时，尤其是当女性担任董事会主席，即首席执行官时，员工的薪酬范围会发生变化。此前的许多研究发现，董事会中的女性对公司中男性和女性的平均薪酬几乎没有任何影响。弗拉比等人是最先不仅考虑到公司的平均薪酬，而且也考虑到薪酬按性别分配的整体情况的研究者。他们发现，公司中高素质的女性员工会因董事会中存在女性成员而受益。具体而言，与董事会完全由男性组成的情况相比，如果董事会中至少有一名女性，属于收入最高的四分之一那批员工的女性薪酬会增加约 10%。当董事会中至少有一名女性时，略低于董事会级别的男性收入会减少几个百分点。

弗拉比等人将这种对薪酬分配的影响归因于两种可能性。第一，他们认为董事会成员中的女性比男性更有能力评估女员工的能力，这样她们就可以直接为低于董事会级别的高素质女性确定更合适的薪酬（其薪酬水平与工作效率相关）。第二，作为董事会成员的女性更多地参与对公司中有前途的女性的指导，会使女性更容易获得管理层的职业机会，这反过来又会为这些女性带来更高的薪酬。

弗拉比的第二个核心发现显示，董事会中有女性董事的公司，其工作效率往往更高。从数字上看，当女性进入董事会时，每位员工的薪酬增加了 3%。一个有趣的结果是，女性在公司中所占的比例越高，对工作效率的积极影响就越强。由此，弗拉比和他的同事们推断出了一些令人震惊的结论。对女性比例有规定的配额制度可能会对那些女性比例已经很高的公司的工作效率产生最大的影响，这一制度已经在许多国家得到了讨论，并在某些国家被引入了董事会中。

正如我们在第 2 章中所了解的那样，女性在招聘过程

中——从开始招聘到被任命为首席执行官——往往处于不利
地位。从社会的角度来看，这是不公平的；从经济的角度来看，
这是对人才的浪费；从商业的角度来看，这对关键人物和初创
公司的生存是有害的。

小结

公司高层中的女性人数一直在缓慢上升，而她们在最
高管理层中不断增加的人数产生了令人印象深刻的结果。
女性担任董事或首席执行官会对公司的薪酬分配情况和工
作效率产生一定影响。

第 31 章
为什么信任对有效协作非常重要

————————

信任是一种重要的资产，不仅在人际关系中如此，而且对公司员工的工作效率和整体经济增长来说也是如此。信任的经济意义源于这样一个事实，即大多数合同都是不完整的，它们并不能约束一切。

　　你会如何回答下面的问题？"一般来说，你可以信任大多数人，还是说你在与他人打交道时会小心翼翼？"这个问题的措辞有些含糊，尽管如此，大多数人都能理解它，他们如何回答该问题与经济增长和繁荣情况有很大关系。

　　但要先做重要的事情。上面的问题来自世界价值观调查（World Value Survey），该调查询问了一些国家对社会、伦理或政治价值观的态度。大约 25 年前，世界银行（World Bank）的斯蒂芬·克纳克（Stephen Knack）和菲利普·基弗（Philipp Keefer）发表了一篇期刊文章，证明了信任作为"软"生产要素的重要性。根据来自 20 多个工业化国家的数据，他们能够证明，一个国家的平均经济增长速度越高，其公民就更能够同意世界价值观调查的说法———一般来说，我们可以信任大多数人。即使考虑到其他一些关键变量（如教育水平或通货膨胀率），这一结果仍然成立。为什么信任对于经济增长和繁荣情况如此重要呢？

让我们来看看一些生活中的案例。我年轻时曾和叔叔一起徒步旅行，他有时会向我讲述他那些具备握手能力的商业伙伴。在与这些合伙人达成交易时，他依赖于他们的言辞或握手。换句话说，我叔叔相信他们会在不签署合同的情况下履行自己的那部分承诺。我叔叔（几乎）总是能很好地运用这一原则，这为他节省了许多轮的谈判和法律文书工作。从商业角度来看，这种方式交易成本低，而且交易完成率高。

劳动合同是体现信任重要性的另一个例子。乍一看，这话听起来可能令人感到惊讶，因为劳动合同规定了双方的权利和义务，而信任似乎没有必要作为其额外的组成部分。但正如经济学家所说的那样，大多数劳动合同都是不完整的契约。通常，一份劳动合同包含基本信息———你在哪里工作，你的薪水是多少———但却遗漏了一些细节。例如，在学术界，雇用协议当然不会规定你应该如何做研究、你应该在个人项目上投入多少工作，或者你是否必须在会议上提交论文等。然而，这些因素会在研究项目是否容易发表方面起到重要作用，从而影响大学的声誉。这意味着大学信任你能够进行缜密细致且复杂的学术研究。

不完整契约也出现在其他行业中。例如，在管理一个部门时，很难或不可能在劳动合同中去划分或界定相关任务，因为它们过于复杂且需要从多方面进行考虑。劳动合同不会规定一切细节，这一事实是对新员工会正确履行其工作职责的信任，体现的是一种进步；此外，更大的自由和更少的监管会提高员工的工作积极性。

信任是很重要的，可以提高人与人之间的沟通效率，包括公司内部的沟通效率。我们对信任在人一生中的发展情况了解多少呢？几年前，我和马丁·科赫尔一起撰写了一份关于这一主题的研究报告。我们邀请了600名来自奥地利福拉尔贝格州、蒂罗尔州和萨尔茨堡州的8至88岁之间的人参加一场信任游戏。在这个游戏中，第一个人得到10美元，他们可以送给第二个人任意金额的钱（没有规定送出的金额是多少）。所送出的金额都会翻三倍。然后，第二个人可以决定他们是否应该将三倍金额中的一部分返还给第一个人。返回的金额不再翻三倍。例如，如果第一个人送出10美元，第二个人收到30美元并返还15美元，那么最后两个人都获得15美元。但第一个人必须相信第二个人会返还一部分钱。如果第一个人不信任第二个人，那么第一个人应该保留自己获得的10美元，而第二个人什么也得不到。第一个人送出的平均金额是衡量信任的标准。我和马丁·科赫尔发现，从 8 岁到 20 岁左右的参与者，送出的平均金额几乎呈线性增长趋势。最年轻的参与者平均只送出了 2 美元。随着年龄的增长，这一数额在人的青年至成年时期持续增长，达到 6.60 美元左右，且会在接下来的整个成年期保持不变，在退休后再次略有下降，降至略高于 5 美元。

因此，信任在青年时期不断增长，在成年初期达到顶峰，并在很长一段时间内保持相对稳定。所有的经济研究都表明这是个好消息，因为高度的信任不仅对人际交往有积极影响，而且对公司的发展和社会的经济繁荣也有积极作用。此外，可信度，即第二个人返还的金额，会随着其年龄的增长而增加，这一点对于公司内部沟通以及与客户打交道都至关重要。

小结

在公司里，并不是员工的每一个工作步骤或每一个决定都能受到监督。这就是信任对有效协作如此重要的原因。一个社会的信任程度与其经济繁荣程度相关。

第 32 章
为什么轻微监督比严格监督效果更好

——————

公司的许多活动都受制于范围广泛的合同安排。对管理者和监督者来说，管理和监督员工工作中的每一步将是困难且代价昂贵的。因此，他们有必要信任员工会为了公司的利益而履行自己的职责。但监督仍具有重要意义，而且这种意义是以一种令人惊讶的方式存在的。

　　在我的研究生涯中，我很幸运，我的雇主——例如因斯布鲁克大学、科隆大学和马克斯·普朗克学会——总是给我极大的信任。聘用合同并没有明确规定我应该完成多少科研成果，只是明确规定了我的教学义务范围——但也只是范围，而不是教学的质量，或者我应该在备课上投入多少时间，或者我应该以多快的速度回应学生的询问等。这意味着我的聘用合同为我创造了很大的自由空间，让我自己决定如何开展其中要求的活动。当然，如果没有雇主一定程度上的监督，我是不可能获得这种自由的。雇主对我的研究和教学活动的各种评估，要求我对自己过去进行的研究和教学活动负责。

然而，我从不认为这是一种监督，而是我雇主的一种合理关切，让我以一种有意义的方式使用赋予我的自由（在理想的情况下，研究机构的声誉将从中受益）。因此，雇主对我的信任产生了巨大的激励，让我把为雇主付出努力当作回报，尤其是在我的工作条件在很大程度上无人监督的情况下。

如果雇主被视为长期监管者和监督者，就会严重阻碍员工的积极性。但在涉及信任和产出时，监督的可能性发挥着重要作用。苏黎世大学（University of Zurich）的恩斯特·费尔（Ernst Fehr）和芝加哥大学的约翰·A.利斯特这两位全球行为经济学的先驱就证明了这一点。

费尔和利斯特研究了雇主监管的可能性如何影响雇员的动机。他们对哥斯达黎加的学生和（来自咖啡行业的）首席执行官进行了研究。这些人在一项实验性实验室研究中扮演雇主或雇员的角色。雇主可以向雇员提供特定的工资；雇员可以为这笔钱提供数量不等的工作产出。雇主先提出了他们的工资建议，并明确了所要求的工作产出——在此可以理解为预期的最低工作产出。然后，雇员被告知他们将得到的工资和它所要求的工作产出。在此基础上，他们要选择自己的工作产出量。

费尔和利斯特介绍了两种不同的条件。第一种条件（我们称之为"基本条件"）与上一段中描述的过程完全匹配。第二种条件则增加了一个微小而关键的细节。第二种条件（我们称之为"监督条件"）规定，如果雇员的产出低于预期，雇主可以选择是否从其工资中扣除一定金额。雇员们都知道存在雇主可能会扣发工资的可能性，并且总会被告知雇主是否会做出这种选择。因此，监督条件允许雇主对雇员进行监督，但雇主不一定要采用它。如果雇主不采用监督条件，这可以被解释为雇主对雇员信任的一种信号，即雇主不追求吹毛求疵的监督。

研究结果清楚地表明，信任至关重要；然而，监督的可能性产生了额外的积极影响。具体而言，本研究中的雇员在雇主从一开始就放弃可能会扣雇员工资的做法的监督条件下取得了最高的绩效。尽管存在监督的可能性，但放弃监督造成的影响最大。当雇主坚持可能会扣减雇员的工资时，雇员取得的绩效最低。行使监督，从而降低信任水平，会对员工的动机产生负面的影响。在基本条件下——有可能不扣工资，也就是有可能没有监督——员工取得的绩效正好处于另外两种情况的中间。

是信任好还是监督更好，这个问题很难回答。如果谨慎使用，存在监督的可能性对避免向员工发出负面信号似乎是有帮助的。

在费尔和利斯特的研究中，首席执行官们比学生们更清楚这种相关性。与学生们相比，首席执行官们放弃实际监督的频率要高得多。首席执行官们似乎更清楚，员工们认为严格的监督会让自己失去动力；他们也更清楚，一定程度的监督是必要的。此外，首席执行官们还更清楚的是，必须要信任员工。在实验中，首席执行官们提供的工资数额明显高于学生们提供的数额，而前者手下雇员的绩效也更好。提前给予员工信任，通常会带来回报。

小结

　　一定程度的监督不会损害雇主与雇员之间的关系，监督机制只有在长期应用时才会破坏信任。如果存在监督的可能性，但雇主较少使用它，并提前给予雇员信任，那么雇主和雇员之间的相互信任关系就会得到加强。

第 33 章
为什么不公平地对待一名员工会损害所有人的工作效率

员工的工作效率是公司成功的关键因素。工资制度往往旨在通过奖金制度或增加工资来提高工作效率。此外，工作效率还取决于公司如何对待员工，而这一点常常被忽视。对公司来说，这种疏忽可能是一个代价高昂的错误。

苏珊娜（Suzanne）坐在她的办公桌前，她面前似乎有一列无穷无尽的电话号码表，电话贴在她的耳边。她正试图说服电话另一端的人接受采访。呼叫中心的工作并不令人兴奋，但至少报酬还不错。无论苏珊娜做了多少次采访，她都会得到固定的报酬，这是一件好事，因为它减轻了工作压力。呼叫中心的工作时间灵活，办公地点集中。苏珊娜本想延长她在呼叫中心的工作时间，这样她就可以在上学期间赚点钱。然而，不幸的是，这份工作只会再持续两天，届时电话采访任务将会结束。

在最近的一个研究项目中，我与马蒂亚斯·海因茨、萨布丽娜·耶沃雷克、瓦妮莎·默廷斯以及海纳·舒马赫一起租用了一个呼叫中心，我们雇用了大约 200 人，时长为两个半天，他们的工作是进行电话采访。这项研究的重点是探究影响员工工作效率的因素。具体来说，我们感兴趣的问题是工作效率如何受到雇主公平或不公平行为的影响。重点不在于公平或不公平的行为如何影响一名员工，这本来就是相对微不足道的问题。当雇主不公平地对待员工时，员工的工作效率会降低，其内在的工作动机也会下降，这很明显。我们更感兴趣的问题是，当员工的同事受到雇主的不公平对待时，员工的工作效率是否也会受到影响。这是一个令人兴奋的问题，因为它考察了对一群人的公平行为是否会对另一群人的工作产出产生影响。

让我们再说回呼叫中心。在她受雇的第二个半天到来之前，苏珊娜收到了雇主的一条消息：由于预算限制，20% 的现有员工会被随机选中并解雇。这条消息对苏珊娜本人完全没有影响，因为她的工资（第二个半天）是固定的；工作条件保持不变；她不认识任何一个被解雇的人，因为每个人都独自在自己舒适的办公室里工作。在第二个半天的工作结束之后，她就不再受雇于呼叫中心了。换句话说，随机解雇其他员工并没有给苏珊娜带来任何实质性的不利。然而，解雇其他员工这件被大家认为不公平的事，是否会与苏珊娜的工作效率有关呢？在得知其他人被解雇后，她是否减少了采访工作？她打电话的时间变少了吗？

我们故意随意终止雇员的工作。如果是由于客观上可以理解的原因导致工作终止，这件事情是可以进行沟通的。例如，大多数人认为最好的员工应该留下来工作，而最差的员工被解雇是公平的（这主要适用于绩效可以在某种程度上得到明确衡量的活动；在我们的呼叫中心，绩效可以用员工打电话和采访的数量来衡量）。不过，随意终止雇员的工作被他们认为是不公平的，这一评价在我们对呼叫中心员工的访谈中得到了证实。因此，我们能够调查不公平的雇主行为是否对其他员工产生了影响。事实上，我们在实验中发现了一个明显可测量的结果。

与没有收到随机解雇通知的第一个参照组相比，在第二个半天，收到随机解雇通知的员工小组的平均工作效率比前一天下降了11%。在第二个参照组中，20%的人也收到了解雇通知，但该通知并不会被认为是不公平的。与第一个参照组相比，这一组的工作效率保持不变，这意味着不公平地解雇他人会导致员工的工作效率大幅下降，而合理的解雇则不会。员工会对被视为不公平地对待他人的行为做出反应。

其他研究表明，如果员工的工资减少，即如果员工直接受到雇主行为的影响，其工作效率会下降约10%。我们的研究结果表明，如果员工没有直接受到雇主的影响，但观察到了雇主对同事的不公平行为，则可能会在工作效率上出现类似的下降现象。

在工作场所，公平很重要，忽视这一点可能会让雇主付出高昂的代价。

小结

人们不仅仅关心他们自己。这意味着公司对待其他人的方式对员工个人的行为和工作绩效而言至关重要。即使员工没有直接受到不公平行为的影响，雇主的不公平行为也会对员工的积极性和工作效率产生负面影响。

第 34 章
为什么诉诸公平能够让客户按时支付账单

当客户不按时支付账单时，许多公司或公共机构就会遭受损失，对此进行管理的成本以及监控的工作量和支出可能是巨大的。因此，人们会寻找一些具有成本效益的方法来提高客户的支付意愿。有一种方法是诉诸公平。

沃尔弗拉姆·罗森伯格是一位杰出的音乐家，此外，他还是因斯布鲁克音乐学院（Innsbruck Music School）的院长。这所学校为 3000 名儿童和青少年在业余时间提供各种各样的音乐课程，课程内容涵盖几乎所有的乐器流派、合唱和民间音乐。该学院的运转基本上是由因斯布鲁克市资助的，但因为个人课程占音乐教育的很大一部分，需要大量的人员和资金，所以也要求家长承担部分费用。家长每年会收到两次财务资助的发票，要求他们在两周内向学校付款。通常情况下，40% 到 50% 的家长会在规定期限内付款。如果家长在两周内没有付款，则会收到一封提醒信。如果家长对提醒没有回应，学院将向家长发送逾期通知。如果在多次通知后家长仍未付款，在该学院学习音乐的学生可能会被开除。给相关家长的提醒和逾期通知需要耗费大量的行政开支，而不得不开除学生是音乐学院极不情愿采取的最后手段，因为音乐学院的目的是让尽可能多的儿童和青少年接触音乐，并让他们有机会学习乐器。通过严厉的制裁来强制家长付款不符合音乐学院的利益，而同时，较高比例的即时付款对学院来说是一种巨大的经济优势。该如何让家长自愿按时付款，而不以滞纳金或开除孩子来威胁他们，并在逾期付款的情况下真正执行这些威胁手段呢？

公司在面对逾期付款的客户时，不得不处理类似的问题。对逾期付款采取强制措施可能会永久性地损害客户关系，而这种关系在客户会定期购买某些商品的行业中极为重要。必须仔细考虑的问题是，为了提高客户的支付意愿，是否应该把销售人员和客户之间的良好关系置于危险之中。相比之下，按时支付未付款的发票对于私营公司（尤其是对现金流而言）和公共机构（例如一个国家中需要征收公民所欠税款的税务机关）都至关重要。世界各地的税务机关都试图通过"助推"的方式来提高纳税意愿。

"助推"的意思是在某个方向上轻轻推人们一下，以改变他们的行为（见第 6 章）。例如，英国税务局在税务收费通知中增加了这样一句话："我们想向您指出的是，90% 的公民会按时缴纳税款。"由于这句简短的话,收到这封信的人比所收信件中没有这句话的公民更多地按时缴纳了税款。这是为什么?首先,增加的句子揭示了一条信息——有多少公民按时纳税;其次,它符合一种社会规范,即按时纳税是"正常"和公平的。对社会规范的诉求构成了"助推"。人们通常更愿意选择效仿周围大多数人所选择的行为。

我的女儿夏洛特·祖特尔在因斯布鲁克音乐学院上了几门课,她和沃尔弗拉姆·罗森伯格为学院开发了一种不同类型的助推方式,其目的是让家长们更加清楚地意识到,支付学费是在为孩子做积极的事。毕竟,支付学费使他们的孩子接受音乐教育成为可能,所以按时支付学费才是公平的。音乐学院在给某些家长的常规发票上附上了一张由夏洛特·祖特尔设计的黄色纸条(见图 34.1)。

该行为将按时支付学费的家长比例从没有黄色纸条的 48%增加到了有黄色纸条的 54%——总体按时支付学费的家长比例增加了 12%(从 48% 的基线上计算)。半年后,这种积极的反应仍然明显存在。尽管学院在大约六个月后发出下一张发票时没有附上黄色纸条,但在之前收到过黄色纸条的组(其中有 52% 的家长按时付款)中,家长的付款意愿仍然高于没有附上该纸条的组(其中只有 47% 的家长按时付款)。建立在公平基础上的客户关系可以产生长期的积极影响。

图 34.1 "亲爱的家长们：感谢你们，让你们的孩子接受音乐教育成为可能！"

（注：图 34.1 中的英文意为"谢谢你们！"）

小结

诉诸公平有助于在公司和客户之间建立良好的关系。如果沟通得当，对公平的呼吁会产生一种积极的"礼尚往来"精神，从而提高客户的支付意愿。

第 35 章
为什么给人们更多的钱并不意味着他们会做出更好的决策

经济理论通常认为，更高的激励会带来更高的投入和更好的表现。有一个假设是，如果人们得到了足够多的报酬，他们就会产出最好的结果。但是，如果事关重大，却不一定能提升人们的表现，因为压力可能会产生适得其反的作用。

　　慕尼黑安联球场的 62 500 名观众和全世界约 3 亿电视机前的观众兴奋地等待着下一个点球手出场。巴斯蒂安·施魏因施泰格（Bastian Schweinsteiger）独自从中圈走到点球点，将球放下，踢进右角，但切尔西门将佩特·切赫（Petr Čech）用指尖将球偏转到右门柱上，球弹回球场。球没有进。拜仁慕尼黑足球俱乐部有可能在 2012 年欧洲冠军联赛中的主场输掉决赛。此刻，当一切都岌岌可危，当一个球可能让整个体育场和整座城市都沸腾时，德国最好的足球运动员却丧失了冷静。的确，接下来迪迪埃·德罗巴（Didier Drogba）踢进的下一个点球，确认了切尔西的胜利和拜仁慕尼黑的失败。尽管拜仁慕尼黑在一年后赢得了冠军联赛，但对战切尔西的点球大战仍然给它留下了创伤。

甚至在这些比赛开始之前，我在波恩的同事托马斯·多门（Thomas Dohmen）就已经在一项实证研究中证明了，主队的点球手比客队的点球手更容易失败。所以，巴斯蒂安·施魏因施泰格的失败也不例外。多门用心理压力解释了这一现象。主场球迷的积极期望使得将球射入球门对主队球员来说显得更加重要。于是，球员的心理负担和对失败的恐惧就会增加。结果是，即使是高薪的、已经成功地练习并完成了数百次相关活动（如将球踢进球门）的顶级职业运动员，也可能失败。因此，在面对更多风险时，人们的表现不一定会变得更好。

长期以来，传统经济理论认为，更高的薪酬会带来更好的表现以及更好的结果和决策。例如，在开发新产品、进入新市场或在这些市场中设定价格时，好的决策对于公司非常有价值。传统上，人们可能会认为，决策者付出越多的努力，从而做出越好的决策——因此通常更加有利可图——他们就会从这些决策中受益越多。如果管理者和董事的薪酬有很大一部分是以可变报酬的形式获得的（例如奖金或分配），那么他们的决策对其个人的影响就会比他们只获得固定薪酬的影响更大。这些决策关乎更多事情。

更高的薪酬能确保更好的决策吗？仅凭现场数据，很难在方法论上明确回答这个问题。不过，在实验室实验中，可能可以回答这个问题。

《怪诞行为学》(*Predictably Irrational: The Hidden Forces that Shape Our Decisions*，书名原文译作《可预见的非理性：塑造我们决策的隐藏力量》)等几本国际畅销书的作者丹·艾瑞里(Dan Ariely)及其同事一起在印度进行了一项实验室实验，实验要求参与者完成六项不同的任务，这些任务与逻辑、创造性思维、认知和身体能力有关。在一项任务中，一名助手背诵了一系列数字，并在任意一处随机停下来，参与者要重复最后的三个数字。另一项任务是测试参与者的空间思维能力，要求参与者把九个立方体堆叠在一个盒子里。

在实验中，每成功解决一项任务，参与者就能获得报酬。首先，他们被分成了三个组。第一组最多可获得24卢比(每项任务4卢比)；第二组最多可获得240卢比(每项任务40卢比)；第三组最多可获得2400卢比(每项任务400卢比)。对这些金额可以做如下说明：用2400卢比，一个普通印度人可以支付5个月的商品和服务费用。因此，在中等条件下，240卢比大约是他们15天的开支；24卢比则可以维持大约一两天的开支。毫无疑问，为每项任务提供400卢比的条件，为参与者好好表现并做出正确决策提供了巨大的激励(谁不想在一小时的实验中赚那么多钱呢？)因此，你可能会期待，拥有最高激励的那一组表现得最好。

然而，研究结果却与你的期待不同。如果在这三个组中，你采用参与者获得最高报酬的人数百分比来衡量各组成功完成六项实验任务的情况，那么，实验结果显示：报酬（即激励）较低的两组（即成功完成六项任务的最高报酬分别为 24 卢比和 240 卢比）中有 36% 的参与者成功完成了六项任务，获得了相应报酬；而实验激励最高（即成功完成六项任务的最高报酬为 2400 卢比）的那一组中，只有 20% 的参与者成功完成了六项任务，获得了相应报酬。如果观察实验参与者在各自的小组中成功完成一项任务的频率，也会发现同样的模式，即激励最高的小组，表现却较差。在这项研究中，极高的激励导致参与者出现了更多的错误，而较低激励和中等激励的小组之间没有区别。

研究表明，适度（中等）激励尚未导致足够大的压力，所以对参与者做出良好的决策未产生负面影响。相比之下，极高的激励则大大增加了参与者出错的可能性。后一项发现表明，在这种情况下，委托他人进行决策可能是更加有利的，因为第三人可能不会受到决策后果的严重影响。不过，巴斯蒂安·施魏因施泰格没有选择将他为拜仁慕尼黑踢的最后一球委托他人代劳。

小结

过去，人们普遍认为，更高的薪酬会让员工做出更好的决策。然而，更高的薪酬可能会成为一种负担，甚至会阻碍员工的认知过程。因此，如果为了获得好的决策而支付更多的钱，决策本身并不会自动变得更好。

第 36 章
为什么有时候奖励团队比奖励个人效果更好

当公司不可能或需要花费太多精力来衡量个人的工作绩效时，它喜欢为整个团队发放奖金。奖金发放旨在激励所有团队成员多做工作、把工作做得更好。发放团队奖金能否有效起到激励作用呢？下面这家面包连锁店的例子为这个问题提供了答案。

彼得是法兰克福的一位银行家，在早上去办公室的路上，他想赶紧买个三明治作为午餐。他很高兴看到面包店前排队的顾客队伍很短，他应该很快就会排到。他比老板先到办公室，他的老板非常重视部门的人比她（老板）先开始工作。几个星期以来，彼得注意到面包店前的顾客队伍比过去短多了。尽管如此，他每天早上都还是会见到同样的面孔。因此，队伍变短的原因不可能真的是顾客流失，也没有更多的店员在店里工作，因为自彼得一年多前开始在这家著名的银行工作以来，他就认识了店里的大多数员工，而且这些员工并没有被可能更胜任工作的新人取代。彼得没有再多想等待的时间为什么变短了，就拿着他的三明治，付了钱，然后匆匆赶往银行。他肯定会比老板先到。

我在科隆的同事马蒂亚斯·海因茨的研究重点是人力资源问题，他与其他研究者发表了一项广受关注的研究报告，内容关于激励制度对面包连锁店工作效率的影响。在德国食品零售商奥乐齐（Aldi）和历德（Lidl）开设了自己的烘焙食品专柜后，这家面包店不得不尽力应对黑森州分店销售额明显下降的问题。新的激励措施本来是为了提高单个面包店的工作效率。在海因茨等人的建议下，这家面包连锁店为其193家分店中的一半分店的所有员工推出了团队奖金制度，最初执行期限为三个月。

发放个人奖金是不可能的，因为一家面包店员工的个人工作绩效不容易被量化。而如果一家面包店实现了特定的销售目标，就会获得团队奖金。如果达到每月的销售目标，或超出目标1%以内，每家面包店会收到100美元的奖金；如果超出目标1%到2%，每家面包店会收到150美元的奖金；超出目标2%到3%，奖金为200美元；超出目标3%到4%，奖金为250美元；超过4%，面包店会收到300美元的最高奖金。奖金会按照工作时间的比例发给该店所有的员工。

这家德国面包店对发放团队奖金起初持怀疑态度，因为他们担心团队奖金会导致不劳而获的行为。具体来说，有人提出反对意见，认为懒惰的员工将会以牺牲更加努力工作的同事为代价，从团队奖金中获益。如此一来，团队奖金会导致更加糟糕的工作氛围，因为那些负责超额完成销售目标的、更勤奋的人会感到自己被懒惰的同事利用了，从而减少工作产出。

这些担忧是没有根据的。与没有引入奖金制度的 96 家分店相比，97 家有团队奖金的面包店的销售额平均增加了 3%。尽管团队奖金的发放造成这家面包连锁店的劳动力总成本增加了 2.3%，但团队奖金制度的引入带来了很高的利润——每支付 1 美元的奖金，一家店铺就会多产生 3.80 美元的收入和约 2.10 美元的利润。启动奖金制度在商业上获得了巨大的回报——而回报如此之多，以至于这家面包连锁店的首席执行官在该计划结束三个月的试行期后，将其扩展为在全部 193 家分店中继续执行。

为什么团队奖金会产生如此积极的影响？针对有团队奖金和没有团队奖金的面包店员工进行的调查，其结果没有显示出他们在工作满意度上的差异。"卧底"购物者没有发现店员的友好程度有任何差异，也没有发现店员在顾客买完食品后，询问他们是否还需要其他东西的频率有任何差异。更详细的调查显示，员工工作效率提高的原因是团队协作的大幅改善。在引入团队奖金制度后，更常见的情况是一名员工负责分发甜甜圈和面包卷，另一名同事负责操作收银机，从而加快了销售的流程。间歇时间被员工用来清洁咖啡机和烤箱，或者准备更多的三明治，以便为下一次顾客高峰（例如午餐高峰）做好准备。

得益于团队奖金制度，所有团队成员的行动更加一致、工作步骤更加协调高效。这给员工带来了回报，因为他们得到了奖金；给顾客带来了回报，因为他们的等待时间缩短了；也给公司带来了回报，因为公司获得了更多利润。

小结

如果难以衡量团队成员个人对整个团队产出的贡献，公司可以引入团队奖金制度。团队奖金制度会提高整个团队的绩效，因为工作流程会得到更好的协调，员工的工作效率也会提高。

第 37 章
为什么绩效奖金会损害员工的工作效率和满意度

许多公司会向员工发放奖金，以奖励他们的贡献，或者把奖金作为激励他们继续好好工作的措施。但是，在设计奖金制度时，有几件事情可能会出问题。

在全球收入最高的 500 家公司中，有一半以上的公司采用相对薪酬制度，这意味着员工在获得基本工资外，还有权获得奖金。奖金额度取决于一名员工与其他员工相比的绩效表现。奖金的目的是奖励表现良好的员工，同时，它也为员工未来高水平的工作投入提供了激励。

然而，正如我在科隆的同事阿克塞尔·奥肯费尔斯（Axel Ockenfels）、德克·斯利夫卡（Dirk Sliwka）和彼得·维尔纳（Peter Werner）所进行的一项研究所揭示的那样，在设计相对薪酬制度时，有一些事情可能会出问题。三位研究者分析了一家跨国公司在美国和德国支付的奖金数据。在这两个国家，经理们都会获得奖金，奖金数额取决于主管对他们的工作绩效评估。这两个国家的奖金计划结构相同，但在确定奖金金额的最后一步关键细节上有所区别。

第一步，经理用五级量表对一个部门的员工进行评估。该量表包括"优秀""高于平均水平""符合预期""低于平均水平"和"不合格"五个评级。公司规定了经理们在每个类别中要分配的百分比。在"优秀"类别中，比例应该少于5%；在"高于平均水平"类别中，比例少于25%；"符合预期"类别的比例为60%左右；只有不到10%的人会被评为"不合格"。

第二步，在上述评估的基础上，根据以下规则分配奖金。每位主管都会收到一笔固定金额的奖金，这笔奖金将完全分配给各个部门的经理。奖金的数额取决于一名经理获得了多少奖金积分，而这些积分取决于第一步中的绩效考核情况，具体如下。

"优秀"：140%至160%；

"高于平均水平"：110%至140%；

"符合预期"：80%至110%；

"低于平均水平"：30%至80%；

"不合格"：0%。

这是一个零和游戏。部门所有经理的平均考核结果必须达到100%。如果有人获得额外的奖金百分点，则必须从另一个人那里减去这些百分点。

到目前为止，两国的薪酬制度是完全相同的。不同之处在于：出于透明度的原因，德国的经理们知道了他们得到的奖金积分。相比之下，在美国，经理们只知道他们所得到的奖金的绝对数额。由于在美国和德国都没有公布奖金的固定数额（尽管在德国可以由经理们自己计算得出），在美国的人是无法计算出自己的奖金积分的。

在这两个国家，奖金占年薪的很大一部分，几乎占基本年薪的 20%。然而，在研究期间，德国的奖金发放方式对经理的工作满意度和下一年的工作绩效产生了显著的负面影响。这是为什么？主要是因为约 60% 的经理被评估为"符合预期"，并获得了 80% 至 110% 的奖金积分。如果这些经理获得了 100% 以上的奖金积分，则不会影响他们的工作满意度。但是，哪怕他们获得的积分只是略低于 100%，其工作满意度也会大幅下降。下一年的绩效也受到了同样的影响。只要经理们获得的奖金积分略低于 100%，他们的工作绩效就会大幅下降，而如果他们获得超过 100% 的奖金积分，其工作绩效则不会受到影响。相比之下，在美国，奖金积分是不公开的，所得奖金的绝对数额与经理们的工作满意度和绩效之间没有相关性。

该公司在德国的分公司出了什么问题？经理们的两句评价道出了问题所在：

- 优秀的经理不会太在意因在"符合预期"类别中获得低于 100% 的奖金积分而损失几百美元；但如果他们没有得到 100% 的积分，他们会感到受伤，觉得自己像是一个"表现不佳的人"。
- "符合预期"类别中的每位经理对自己的预期都是 100%。积分每少一个百分点都会令其大失所望。

任何达到"符合预期"条件的人都不希望自己被评估为"低于平均水平"，即低于 100%。100% 是参照点，低于这一参照点，经理们的工作满意度和绩效都会受到很大影响。而只有在德国公布了奖金积分后，才能建立参照点——这会产生意想不到的负面影响。因此，如果采用相对薪酬制度，细节会决定成败。

> ## 小结
>
> 发放奖金旨在激励员工更好地工作。然而，如果奖金发放方式偏离了被看作公平分配奖金的参照点，则可能会带来相反的后果。如此一来，它们就会对员工的工作满意度和工作效率产生负面影响。

第 38 章
为什么绩效奖金可能导致员工表现不佳

古典经济学认为，如果员工的报酬取决于他们产出的绩效是否比同事更好，那么他们就会工作得更好。现代行为经济学则表明，当公平因素开始发挥作用时，简单地相信相对薪酬的影响可能会是一个代价高昂的错误。

　　弗朗西斯科（Francisco）一大早就开始摘苹果了。在苹果园里待了八个小时后，他的背很疼。在他旁边工作的是安东尼奥（Antonio），尽管安东尼奥已经在这个巨大的果园里做了几个星期的采摘员，但弗朗西斯科今天第一次见到他。安东尼奥工作速度很快。在下一排，弗朗西斯科看到了他的朋友佩德罗（Pedro），他和佩德罗住在一起。佩德罗患了重感冒，所以他今天不能工作得很快。佩德罗旁边有一些他不认识的面孔。每个工人都可以看到另一个工人如何快速地把苹果装满自己的篮子，以及一天中工人们把篮子搬到收集点的频次。在收集点，他们摘下的苹果会被上秤称重。

　　工人每天的薪酬是根据他（她）在这一天摘下的苹果总重量得出的。经营苹果园的公司根据工人的相对表现支付薪酬，这意味着要先将一个工人的采摘量除以苹果园所有工人的平均采摘量，而由此得出的系数越低，当天每千克苹果带给工人的回报就越少。也就是说，一个工作效率很高的工人会拉低其他工人采摘每千克苹果的平均薪酬。这是因为一个工作效率很高的工人增加了平均采摘量，从而降低了其他所有工人的工作系数（一个人的采摘量除以平均采摘量），因此每千克苹果带给他们的回报就会减少。

这就是弗朗西斯科他们会非常密切地观察其他人，尤其是观察他们在收获期间的工作速度的原因。

古典经济学认为，如果员工的薪酬取决于他们是否比同事有更好的产出，那么他们就会工作得更好。传统的假设是，这种形式的相对薪酬将导致员工在工作上更努力，从而提高产出，因为每个人都有高于平均水平的工作动机，从而提高工作效率。

该公司在为采摘工人制订相对薪酬方案时，一定是按照这种思路考虑的。作为一种替代方案，公司本可以简单地为工人们采摘每千克苹果支付固定金额的薪酬，而不考虑苹果园的其他工人在特定的一天中采摘了多少苹果。

与古典经济学相比，现代行为经济学对薪酬方案的选择有着更为差异化的理解。如第 37 章所示，相对薪酬方案可能会产生令人不快的负面影响，因为相对薪酬意味着员工自己的业绩会对其他同事造成负面影响。在古典经济学中，这些负面影响没有被考虑在内，因为人们认为员工只为自己着想。在这一假设下，相对薪酬方案可能确实会提高员工的工作效率。但很多人并不认同古典经济学的观点。

造成这种情况的一个重要原因是，许多人确实会关心自己的行为对他人的影响。以苹果园为例，每个工人都很清楚，他们采摘的苹果数量增加会降低其他工人的薪酬，因为平均收获量会增加。如果工人认为自己对他人的负面影响是不公平的，并希望避免这种影响，他们就必须减少自己的采摘量。随之而来的后果可能是，工人的工作效率，即一天的采摘量，会因为相对薪酬方案而减少，而不是像古典经济学所假设的那样，与为每千克苹果支付固定金额的薪酬相比，工人的工作效率会提升。

伦敦的奥丽娅娜·班迪耶拉（Oriana Bandiera）及其同事用英国一家苹果园的数据，研究了与为每千克苹果向工人支付固定薪酬相比，相对薪酬方案是否会导致更高或更低的收成。由于工人的工作效率低于预期，该苹果园将相对薪酬方案改为为每千克苹果支付固定薪酬。调整后，工人的采摘量从每小时 5 千克提高到每小时近 8 千克。需要注意的是，在两种薪酬方案中，每个工人的平均薪酬和采摘的千克数基本保持不变。在采用固定薪酬方案的情况下，平均而言，工人每采摘 1 千克苹果并没有得到更多的钱。

在采用相对薪酬方案的情况下，如何解释工人的采摘量较低这一情况？事实证明，工人视野中的朋友和熟人越多，其采摘量就越低——也就是说，每天早上在苹果园里随机聚集了一群工人，当工人获得每千克的固定薪酬时，朋友数量的负面影响并不会出现。因此，影响工作效率的并不是朋友在附近，而是如果朋友在附近并采用相对薪酬方案，工人会考虑自己的采摘量对他人产生的负面影响。

班迪耶拉等人称这种现象为社会偏好对工作效率的影响。员工对他人的考虑是造成相对薪酬方案导致其工作效率大大低于公司预期的原因。

在本章的例子中，在采用相对薪酬方案的情况下，弗朗西斯科知道如果他增加自己的采摘量，他的朋友佩德罗挣的钱将会减少。这使弗朗西斯科放慢了工作速度。只要给弗朗西斯科他们提供为每千克苹果支付固定金额的薪酬方案，他们的采摘量就不再影响其他人的收入，每个人就都可以按照自己的速度和自己的能力工作。古典经济学一贯容易忽视公平因素对工人产出的影响。

小结

大多数大公司都有相对薪酬方案，在这些方案中，员工的产出越多，报酬就越高。然而，一旦这种制度违反了公平的原则，员工的产出就可能会减少而不是增加。

第 39 章
为什么奖金会激励不健康的冒险行为，并增加系统性风险

奖金的目的是激励员工在工作中付出额外的努力。然而，基于绩效的薪酬可能会产生令人意想不到的负面影响，因为如果员工只能通过做出过于冒险的决策来获得奖金，他们就会改变自己的决策行为。

热罗姆·科维尔（Jerome Caviel）和尼克·李森（Nick Leeson）虽然名声不佳，但他们是金融领域做出这类冒险行为的知名人物。李森导致了成立于 1717 年的巴林银行（Barings Bank）的破产，原因是他的过度投机造成了大约 14 亿美元的损失。与此相比，法国的主要银行——法国兴业银行（Societe Generale）是"幸运的"，因为热罗姆·科维尔的高风险投机交易在 2008 年造成了大约 48 亿欧元的损失，但没有导致该银行破产。这两个案例都受到了公众的广泛关注，因为它们说明个人投资银行家的高风险投资策略可能会导致巨大的损失，甚至会导致知名金融机构的破产。很少有人注意到，在

发现巨额亏损之前，这两位银行家都被认为在各自领域取得了巨大成功，都通过交易获得了巨额奖金。那么，风险投资行为和奖金收获之间有联系吗？

金融业并不是唯一一个在固定薪酬之外还向员工提供奖金的行业，在许多情况下，员工的薪酬取决于企业的效益以及个人的绩效。通常，企业会把一个员工的绩效与其他员工的绩效进行比较，然后根据相对绩效来评估奖金的数额。这种奖金发放方式在许多行业都很常见。如果球队赢得联赛的冠军，大多数运动员都会获得奖金。当汽车销量增加时，汽车经销商的经理就会获得奖金。或者，如第 36 章所述，在面包连锁店工作的员工在达到销售目标时会获得团队奖金。

发放奖金为提高个人绩效提供了激励，从而提高了企业的最终赢利。事实上，衡量个人绩效可能并不容易——替补门将为赢得冠军做出了什么贡献？首席执行官实际上多卖出了多少辆汽车？——这不是我们在这里关注的主题。我们想讨论的问题是，发放奖金如何影响人们的行为，尤其是在个人行为具有巨大的杠杆效应（比如在金融部门，特别是在投资银行），从而能影响其他人时。有了最新的金融工具（这些工具往往非常复杂），巨额资金可以四处流动。如果奖金的数额取决于这些流动资金的金额有多大，可能会激励人们去冒更大的风险。我在因斯布鲁克的同事米夏埃尔·基希勒、弗洛里安·林德纳（Florian Lindner）以及来自奈梅亨的乌茨·魏策尔（Utz Weitzel）最近进行了一项关于奖金发放的研究，正如该研究所示，这就是问题所在。

基希勒等人让职业银行家们参与了一项实验。一开始，银行家们会得到一笔基本资金，他们可以在八个轮次中将其投入固定收益（即无风险的）投资或高风险投资中。平均而言，风险投资会产生较高的收益，但在个别轮次中可能导致正收益或负收益。在研究的基本条件（即第一种条件）下，银行家们在八轮后会获得他们用基本资金投资产生的收益总额。在第二种条件下，银行家们在八轮投资后会根据各自收入的多少进行排名。产生收益最多的人会获得一大笔奖金；第二名和第三名仍然会获得相当可观的奖金；然而，其他人除了参与费什么也得不到。第二种条件反映了取决于个人相对绩效的奖金发放情况。

实验表明，在第二种条件下，银行家们总是在高风险投资中投入更多的资金。对于那些收益持续落后于对照组其他人的银行家来说，情况尤其如此。因为一个人一旦落在后面，就只能通过承担更高的风险才能有机会走到队伍的前面，并获得奖金。同样地，在遭受损失后，如果一个人能承担更高的风险，就有机会更快地摆脱损失。正如热罗姆·科维尔和尼克·李森的案例戏剧性地证明的那样，这可能会导致风险的累积，甚至是更高的损失。

因此，基于相对绩效的奖金发放会放大个人为了获得奖金而进行冒险的倾向。这不仅对个人交易者，而且对整个公司和行业来说，都是非常危险的。所以，需要一些控制机制。然而，正如基希勒等人的研究所证明的那样，仅仅靠取消奖金，很难阻止人们过度冒险。在实验的第三种条件下，银行家们会在八轮投资结束时得知他们的投资收益排名如何。他们获得的奖金金额并不取决于这个排名，而只取决于他们的投资所产生的收益（就像在第一种条件下一样）。令人惊讶的是，在第三种条件下，银行家们选择高风险投资的情况实际上与第二种条件相同。显然，没有人想让自己看起来像一个糟糕的投资者，所以仅公布排名本身就对他们的冒险行为产生了影响。

只要人们在竞争中想成为最好的那一个，披露排名就会导致人们选择更高风险的行为。这一教训可能不仅适用于金融行业。

小结

当公司采用相对薪酬方案时，该方案会给员工带来强烈的激励，让他们在工作中承担更大的风险，以便能够超越他人。在极端的情况下，这可能会毁掉整个公司。

第 40 章
为什么不要激励员工去故意妨碍同事

在竞争中，如果只有一个人能赢，那么第二名就已经是第一个失败者了。许多公司依赖于相对薪酬方案，在相对薪酬方案中，"赢家"能比"输家"分得一块更大的蛋糕。体育界发生的一个世界闻名的事件表明，这种相对激励方案可能会导致竞争者采取故意妨碍竞争对手的行为——员工对激励方案的这种反应可能会使企业付出高昂的代价。

故事片《我，花样女王》（I, Tonya）（2017）是根据两名花样滑冰运动员托尼娅·哈丁（Tonya Harding）和南希·克里根（Nancy Kerrigan）之间的竞争改编的，她们在挪威的利勒哈默尔冬奥会上为夺冠展开了激烈的竞争。只有全美锦标赛的冠军才能在利勒哈默尔冬奥会上更晚上场比赛。因此，在全美锦标赛之前，托尼娅·哈丁的前夫雇了一名职业杀手，他用一根铁棍打伤了南希·克里根的双腿，克里根没能参加全美锦标赛。哈丁赢得了冠军，并参加了冬奥会，尽管已有消息称对克里根的袭击与她有关。哈丁不是通过刻苦训练让自己成为更好的运动员而获胜的，而是因她的对手被故意伤害而获胜的。

这一众所周知的悲剧并不是一个孤立的事件，也不局限于体育领域。如果胜利者得到的奖励非常高，那么对一个人来说，伤害对手和提高自己的表现一样，都有助于获胜。为了获胜而伤害一个表现更好的对手，这种行为不仅从道德角度看是应该避免的，而且还可能会对参赛选手的整体表现产生负面影响。

企业在努力解决对表现最好的员工的高激励问题。世界各地的许多企业都依赖于相对薪酬方案，即一名员工的晋升、加薪和奖金发放取决于其与公司中其他人相比的相对表现，因此员工之间会为争夺公司中最好和最赚钱的职位而竞争。相对薪酬方案背后的理念是，它能促使现有员工达成最佳绩效。

由于在工作中投入大量精力可能会令人感到相当疲惫，而且每个人的能力在某一个点上都会达到极限，因此，在竞争中取得更好成绩的一个明显的可能手段，就是去故意妨碍竞争对手。无论是向同事隐瞒重要信息、散布有关竞争对手业绩的虚假或误导性信息，还是将所需的工具或文件"放错地方"，都会对公司造成损害，因为它们会降低公司的整体绩效。从破坏者的角度来看，如果这些行为能增加自己获得下一次晋升或加薪的机会，它们就是有吸引力的。

我在科隆大学的朋友兼同事贝恩德·伊伦布施（Bernd Irlenbusch）开展了一项调查，研究的是竞争对手采用妨碍性活动的程度是否取决于相对激励机制对赢家比对输家更有利的程度。换句话说，如果获奖者的奖励越来越多，例如，如果奖金增加，妨碍性活动的数量会增加吗？

由于世界上没有哪个管理层愿意透露关于激励方案的妨碍性活动的数据，这样的研究问题在现实世界的企业中几乎不可能得到回答，因此伊伦布施在一个有 336 名参与者的实验室实验中检验了他的问题。参与者被分为不同的小组，每组由一名老板和三名员工组成。对这三名员工来说，在竞争中最具工作效率的人可以赢得奖金。但在提升自己的工作效率之外，他们还可以选择通过妨碍另外两个人的一部分工作来降低其绩效，伊伦布施称之为故意妨碍。结果表明，获胜者的奖金越高，妨碍程度就越高。因此，相对激励方案可能会激励人们妨碍他人的工作产出，而不是提高自己的绩效。

根据这一结果，伊伦布施想知道，在什么条件下，即使为获胜者支付高额奖金，也可以降低故意妨碍的程度。很明显，员工之间的沟通降低了故意妨碍的程度，因为社交距离越近，妨碍性活动就越少。当人们更好地了解彼此时，他们就不太可能以妨碍性的方式行事。伊伦布施还发现，将妨碍性活动明确地标记为"故意妨碍"会减少它们的发生。他得出的结论是，明确将此类行为视为不可取的道德准则或合规守则，对减少相对激励方案导致的妨碍性活动做出了积极的贡献。

小结

公司的运转依赖人与人之间的良好合作。如果一名员工因自己被认为比其他人工作效率更高而能赚更多的钱，这种相对薪酬体系就会为故意妨碍他人努力的人创造行事动机。

第 41 章
为什么基于市场的行动
会使人们更加缺乏道德

安然公司（Enron）的事件①和大众汽车（Volkswagen）的"柴油门"②等丑闻一再引发人们思考，市场经济中的竞争是否会损害企业的道德。情况是这样吗？

作为一名学者，我听过世界各地的研究人员举办的许多讲座。通常情况下，听讲座不会太影响我的情绪。但我在2012 年秋天听一场讲座时，遇到的情况却完全不同。我邀请了波恩大学（Bonn University）的阿明·法尔克（Armin Falk）到奥地利因斯布鲁克演讲，他在讲座中谈到了他与诺拉·塞奇（Nora Szech）共同进行的一个关于道德行为的研究项目。

---

① 安然公司曾经是世界上最大的能源、商品和服务公司之一，然而，2001 年，安然公司突然向纽约破产法院申请破产保护，该案成为美国历史上企业第二大破产案。——编者注
② 即德国大众汽车集团利用"作弊软件"让柴油车尾气排放在车检时以"高环保标准"过关的违法行为。——编者注

在第一种实验条件下，参与者必须在两个选项中做出决定：第一个选项是，放弃获得 10 美元，以挽救一只老鼠的生命；第二个选项是，可以获得 10 美元，但这只老鼠会被安乐死。为了让参与者能够更好地想象对老鼠实施安乐死的过程，法尔克展示了一段记录具体过程的视频（视频不是他自己制作的）。

在第二种实验条件下，参与者不必单独决定他们是否愿意获得 10 美元并接受一只老鼠会被安乐死的事实，而是将在市场上展开行动。市场上的九个卖家各有一只"老鼠"（不是字面上的意思，但他们的决定与九只老鼠有关），而七个买家手里没有任何"老鼠"。现在，买卖双方都可以就如何在一个卖家和一个买家之间分配 20 美元提出建议。如果双方对这 20 美元的分配方式达成了共识，老鼠就会被安乐死，买卖双方各自会收到商定好的金额。也就是说，如果双方都愿意接受老鼠的死亡，平均而言，每个参与者都可以获得 10 美元。

这项研究的结果引起了全世界的注意，并发表在了《科学》杂志上。在第一种实验条件下，只有不到 50% 的人选择获得 10 美元；而在第二种实验条件下，即在市场上，几乎 80% 的人同意将 20 美元在两个人之间进行分配。也就是说，在市场上存活的老鼠明显减少了。法尔克说，与单独做出的决定相比，市场会对道德行为造成损害。

在我们讨论可能的原因和各种对策之前，有一件很重要的事——解释一下关于实验中的老鼠的事。（所以，亲爱的读者，你不用打电话给动物救援中心！）这些老鼠来自大学医院的研究实验室。世界各地的实验室里有数百万只这样的老鼠。在一些实验中，出于基因排序的原因，某些小鼠不再可用。因为这些老鼠不能被放归野外，所以它们通常会被安乐死。法尔克做了如下安排：每当一名参与者放弃获得金钱，就有一只老鼠获救，而不是被杀死。也就是说，这只老鼠将被保留在实验室里，直到它自然死亡，相关费用由法尔克承担。这意味着，在现实中，参与者的决定并没有导致老鼠死亡，而是恰恰相反。当然，参与者并不知道这一点。

回到为什么道德行为在市场中不如在个人决策中那么重要的问题上来。首先，我们对自己行为的责任会在市场中变得模糊。在个人决策中，每个人都要对自己负责；在市场上，有供给和需求，所以总是需要第二个人才能完成一笔交易，责任就被淡化了。其次，在市场上展开行动似乎会把人们对正在交易的产品的意识推后，而争取一个好价格仍然是第一位的。如果能以 4 美元的价格买到一件 T 恤，很多人都会为这种超低价感到高兴；他们忘记了，这件 T 恤之所以能卖得如此便宜，可能是因为它是在童工的帮助下廉价生产出来的。

这些解释是否意味着，通过让卖家和买家更加清楚地意识到自己的责任，就可以加强卖家和买家在市场上的道德行为呢？我与同事于尔根·胡贝尔、米夏埃尔·基希勒以及马蒂亚斯·斯特凡一起研究了这个问题。像法尔克一样，我们让市场中的研究参与者协商特定金额的分配方案。如果交易没有达成，我们没有选择拯救一只老鼠，而是向联合国儿童基金会捐赠一批麻疹疫苗。全世界每年有 10 万名儿童死于麻疹，而我们的捐赠可以让 2150 名儿童获得接种疫苗的机会。但在我们的研究中，如果卖家和买家之间达成了交易，我们则不会进行麻疹疫苗的捐赠。

为了让参与者意识到自己的责任，我们邀请了一位医生就麻疹和接种疫苗的重要性发表演讲；在达成交易之前，我们也提醒了每位买家和卖家他们的责任——如果达成交易，我们将不会捐赠疫苗。这两种干预措施对我们实现疫苗捐赠的频率都没有影响。在我们的研究中，与个人决策相比，市场也倾向于对道德行为产生反作用。如果人们选择了让自己获得金钱，而不是疫苗捐赠的机会，那么只有让他们有可能在经济上受到制裁，道德行为才会更频繁地发生。正如第 42 章所示，道德似乎与成本和收益有关。

小结

市场的特点是效率高。与个人单独行动相比，基于市场的行动会使人们更加缺乏道德。无论是公司个体还是整个社会，都必须考虑到这一点。

第 42 章
为什么要让人们很难通过做错事而发财

经济学家很少从非黑即白的角度思考问题，他们会权衡某种行为的成本和收益，例如，故意欺骗行为。

　　一位商业顾问曾向我讲述过他职业生涯中的一个故事。故事是这样的：他在一家中型公司工作，这家公司正在为被一家更大的集团收购进行谈判。该公司的管理层非常希望能够成功、迅速地完成收购，但谈判一次又一次陷入僵局，公司管理层让每个人在等待决定时都如坐针毡。整个谈判过程相当漫长，这是没有人预料到的。该公司最终决定采取孤注一掷的（而且是不道德的）行动，利用最后一点力量来改变谈判进程。该公司雇了一些演员，他们开着豪华轿车出现在公司，扮演所谓的潜在买家。这场盛大演出的恰当时间已经事先定好了，所以公司的谈判小组听到了风声。由于这样的虚张声势，那家大公司相对较快地做出了对这家中型公司有利的决定，随后提出了一份具有约束力的收购要约，中型公司欣然接受了它。

这家中型公司的行为显然具有欺骗性。无论从道德的角度来看它是多么应该受到谴责，这则轶事都向我们说明了，在涉及大量金钱时，道德标准会受到考验。在涉及利益问题时，谁能声称自己完全不会受到不道德行为的诱惑？这就提出了一个问题，即不道德行为的倾向是否取决于人们希望获利的大小——也就是说，如果人们能获得很大的收益，他们是否会诉诸谎言和阴谋，而"受害者"在这一过程中可能会付出的代价和不利之处是否也会起作用。这个问题的答案与公司有关，因为它可能表明了不道德行为在哪些情况下更有可能发生。

加利福尼亚大学圣迭戈分校（University of California, San Diego）的尤里·格尼茨是第一个系统研究这一问题的行为经济学家。格尼茨的实验被视为检验人们说谎的范例。在他的实验中，两个人互相打交道，有两种可能的结果，但只有第一个人知道每种结果对两个人各自的好处有多大。以结果 A 和结果 B 为例：结果 A 是第一个人收到 50 美元，第二个人收到 60 美元；结果 B 正好相反，第一个人得到 60 美元，第二个人得到 50 美元。然后，第一个人可以给第二个人发送信息，告诉第二个人哪种结果对他（她）更有利。例如，第一个人可以发送："结果 A 对你更好。"这与事实相符。但第一个人也可以写："结果 B 对你更好。"考虑到两种不同结果的金额分配情况，这是一个谎言。重要的是，第二个人不知道真正的金额分配情况，但需要在收到第一个人的信息后选择自己想要的结果。然后，这个选择决定了两个人分别获得的金额。如果第二个人选择结果 B，那么第一个人将得到 60 美元，第二个人将得到 50 美元。即使是在选择之后，第二个人也不知道另一个结果（结果 A）中真正的金额分配情况，以及第一个人实际上收到了多少钱。

在格尼茨的实验中，两种结果的金额分配情况是不同的。第一个人可能会从谎言中获益更多，第二个人则可能由于谎言而损失更多。通过系统地改变结果，你可以看出说谎的可能性是否取决于说谎的成本（对他人而言）和收益（对自己而言）。

格尼茨的研究结果已经被多次重复实验，可以总结如下：一旦有潜在的收益，人们就会更快地诉诸谎言；然而，考虑到这样一个假设，即说谎者的利益保持不变，但对被说谎者的损害变大，此时，如果对被说谎者的损害相当大，人们就不会选择说谎。但到了紧要关头，对一个人来说，自己的利益往往比可能对他人造成损失重要得多。

总而言之，这意味着人们会以其成本和收益为基础做出道德或不道德的行为。在商业环境中，当你制订道德行为准则时，你应该注意是否有可能存在某些违规行为会对一些人更加有利的风险，以及他们是否会因不道德的行为而受到奖励。在对业务流程进行风险分析时，可以识别人们不道德行为的动机，以尽早抵制此类行为。

小结

日常工作中的许多情况都涉及道德层面。人们如何平衡道德和经济利益，取决于他们的行为对自己和他人的影响。不道德行为发生的频率取决于这种行为的成本和收益。

第 43 章
为什么领导者不应容忍轻微的
道德违规行为

无论是大众汽车的"柴油门"丑闻还是安然的账目造假——公司的犯罪行为往往在发现时就为时已晚。通常情况下，损害已经变得如此之大，以至于只有付出巨大的代价才能得以弥补，而它甚至可能会立即导致公司破产。为什么不当行为经常很晚才被人们发现？我们可以在人们的基本心理中找到这个问题的答案。

　　克莱尔（Claire）毕业于一所精英大学的工商管理专业，她正在仔细研究一家公司的账目，以供她所在的会计师事务所进行审计。她很自豪，自己还不到 30 岁就在这家著名的事务所找到了工作，尽管她的雇主希望她在每周工作超过 40 个小时的时候不要太大惊小怪。通往高层的道路更有可能向平均每周工作时间达到 80 小时或以上的员工开放。但考虑到自己那高于平均水平的六位数的薪水，对克莱尔来说，这似乎是一个用努力工作换取高额薪水的公平交易。此刻，克莱尔正在思考她在审计中遇到的一个可能存在的问题。她注意到，近年来，被审计的这家公司的远期交易数量稳步增长，而同行业的竞争对手则经历了更多的起伏。远期交易意味着当前达成的交易只能在晚些时候执行，这类交易的回报在资产负债表上看起来不错。但克莱尔发现，这种类型的交易持续增长，而且几乎呈线性增长，即使是在生意不太好的年份也是如此，这就很不寻常了。在思考了一段时间这个问题是否正常后，克莱尔告诉自己，当前审计年度的事件看起来与前一年的事件非常相似。然后，她确认了这些报表的正确性，并给出了审计证书。今年的一切都很可能是正确的，因为它看起来跟去年的情况很像。

在现实生活中，审计公司——就像虚构的克莱尔工作的公司一样——通过审计其他公司账目的正确性和法律要求的合规性来赚取大量金钱。鉴于大型企业和跨国公司资产负债表的复杂性，审计工作绝非易事。在审计过程中，前几年的重大变化比多年来持续的小变化更明显，因为更大的反差比持续的小变化更容易引起人们的注意。人们倾向于通过将当前情况与过去情况进行比较来做出判断。在这种比较中，过去的小变化往往比大变化更容易被认为是正常的。这也解释了这样一个事实，即如果当前的行为与过去的行为相似，那么当前的行为更有可能得到批准，因为过去的行为已经获得了批准。正是这种倾向让我们很难识别逐渐出现的不当行为。在评估道德上正确或不正确的行为时，具有欺诈意图的人可能会利用这种倾向。

哈佛商学院（Harvard Business School）的弗朗西丝卡·吉诺（Francesca Gino）和马克斯·巴泽曼（Max Bazerman）在一项广受好评的研究中证明了这一点。他们谈到了一种滑坡效应，这种效应可能导致不道德或欺诈行为被太晚注意到或者根本没有被注意到。他们的研究与估计一个装满小硬币的罐子里的钱数有关。参与者扮演审计员的角色，审计员必须对罐子里硬币的估价发表意见。如果审计员判断估价是正确的——也就是说，如果估价与实际价值的偏差在10%以内——审计员就会获得估价中的一部分金额作为奖励。这意味着审计员有动机接受更高的估价，因为估价越高，他们可以得到的钱就越多。在被审计员判断为正确的估价中，有十分之一的估价会被抽检，如果审计员的估价被发现是错误的，那么他必须支付罚款。如果审计员从一开始就判断那个估价是错误的，他就得不到任何奖励。

装有硬币的罐子里总是装着总价大约10美元的小硬币（多或少几美分）。审计员必须评估所有这些罐子并给出相关估价。吉诺和巴泽曼将审计员分为两组。在第一组中，每个罐子的估价平均逐个递增40美分；在第二组中，审计员最初的估价总是在10美元左右，然后突然增加到14美元左右。鉴于前文中提到的规则，如果审计员判断为正确的估价在罐子里硬币真实价值的10%以内波动，他的判断就被看作是正确的，也就是说，审计员对所有高于11美元的估价给出的正确判断几乎都会被看作是错误的。吉诺和巴泽曼随后研究了首次达到 14 美元的估价被审计员判断为正确的频率。在第二组中，这种情况发生的频率不到 3%。相比之下，在估价逐渐增加的第一组中，超过 25% 的审计员将超过 14 美元的估价判断为正确；当重复这些估价时，由于之前的估价数字之间的差别很小，超过 14 美元的估价被判断为正确的频率甚至上升到了 50% 以上。

这项研究表明，要判断某件事是真实的还是欺诈性的，判断标准基本上取决于过去的情况如何发展。通常，昨天好的东西今天也会被认为是好的。这就是本章开头的例子中的克莱尔将那些账目判断为正确的原因，因为它们看起来与前几年的账目相似。然而，这种相似性可能是出于欺诈意图而伪造的——就像安然伪造资产负债表的丑闻一样。在此案中，负有责任的审计公司安达信（Arthur Andersen）也因销毁证据和妨碍司法公正而被定罪。当道德开始滑坡时，它有时很难被注意到。

小结

在公司丑闻被曝光后，许多人都在问，这种不当行为是如何在这么长的时间内都没有被发现的。人类的感知主要建立在将现在与过去的经验进行比较的基础上，如果不道德行为在较长一段时间内逐渐增多，人们就很难发现它，因为它不太可能被注意到。

第 44 章
为什么当人们知道他们的组织也关心环境时，他们会更加关心环境

商品和服务的生产往往会对环境造成破坏，这就是为什么企业在越来越大的社会压力下要采取措施以避免这种负面影响。维珍大西洋航空公司（Virgin Atlantic Airways）的例子表明，即使在受到环保主义者严厉批评的行业——航空业，也可以实现环保的目标，其中的关键在于飞行员。

卡罗琳（Caroline）是一家大型航空公司的机长，她为自己的工作感到自豪。她周而复始地带着数百名乘客前往他们的目的地出差或者度假。因为航空业不能以任何方式、形态或形式被视为气候中立的行业，所以卡罗琳越来越多地面临着来自朋友和熟人的批评。航空业每年的二氧化碳排放量约占全球的 3%，它同时也承担了全球约 35% 的贸易量，创造了巨大的财富，但这一事实对卡罗琳的朋友们来说没什么意义。几个星期以来，卡罗琳至少能告诉她的朋友们，她正在为节省燃油做出一点贡献，从而减少二氧化碳排放量。这件事情

是，航空公司启动了一项燃油节约项目，而卡罗琳对该项目的实施负全部责任。

虚构的卡罗琳机长的例子与芝加哥大学约翰·A. 利斯特最近的一项研究相吻合，该研究是利斯特等人以及维珍大西洋航空公司合作进行的。燃油节约项目旨在找到一种方法，让航空公司的机长在飞行时具有更强的环保意识。有一个远远超出航空业范畴的共同问题，即公司可以做些什么来确保他们的员工不会做出对环境有害的行为。尽管处罚和检查是可以利用的工具，但监控的范围可能会让公司付出高昂的成本。有没有更简单的方法让员工避免对环境造成负面影响呢？

对一家公司来说，这在经济上甚至也可能是值得去做的。这一点在航空业显而易见，因为节省燃油不仅减少了二氧化碳的排放，而且降低了航空公司的主要成本之一——航空公司约有三分之一的运营成本是燃油成本。

2014 年，维珍大西洋航空公司启动了一项完全由飞行员运营的燃油节约项目。在飞机起飞前，可以计算出它的最优载油量，但是否需要为飞机添加燃油，以及如果添加，需要添加多少燃油，由机长决定。在飞机上搭载更多的燃油意味着更大的总重量，这会造成更高的燃油消耗。在飞机飞行过程中，飞行员可以通过经济飞行模式和利用风力来节省燃油（类似于驾驶汽车时由于不同的驾驶风格而消耗更多或更少的汽油）。着陆后，通过关闭两个发动机中的一个，可以让飞机在从跑道滑行至登机口的这段路程中节省燃油。

2014年，维珍大西洋航空公司通知全部的335名机长，公司将在八个月的时间内对个人的燃油使用效率进行测量，即在加油、飞行期间和从降落到滑行至登机口这三个方面均进行测量。第一组机长收到了关于其各自节油目标实现率的月度分析。第二组获得了每月的目标燃油配额，第三组可以选择在达到节油目标时将（航空公司的）钱捐给他们选择的慈善机构。而在一个参照组中，公司只测量了其燃油使用效率，而没有向该组成员提供任何有关该效率的信息。

将2014年项目期间的数据与前一年同期的数据进行比较，结果表明，参照组的机长在三个方面的燃油使用效率都有了大幅提高。这种效应也被称为霍桑效应（Hawthorne effect），即一个人在意识到自己在被别人观察后，就已经可以改变其行为了。参照组成员知道有人收集了他们燃油使用效率的数据，但他们自己并没有得到任何相关的信息。尽管如此，其燃油使用效率还是提高了，提供相关信息（作为针对第一组的干预形式）只产生了很小的额外效果。对第二组来说，个人目标燃油配额的增加进一步提高了效率，这与第三组中达到了节油目标的机长可以捐钱这件事对燃油使用效率带来的影响相同。该项目总共减少了约 1000 吨二氧化碳的排放，节省了约 500 吨燃油。这些数额虽然相对较小，但通过简单的干预和反馈，它们实际上是在没有任何成本的情况下实现的。

小结

公司可以通过适当的激励措施，引导员工朝着其期望的方向做出决策。商定目标并允许员工按照自己的意愿行事，这样的社会激励可以帮助公司实现目标。

第 45 章
为什么举报者的职业道路会受阻

公司丑闻的清单又显眼又长。为了加强对工作中道德行为的支持，许多公司采用了道德守则，并建立了"举报制度"，以揭露犯罪或不道德的行为。这样的制度通常没有达到预期效果，这在很大程度上是典型的人类行为模式造成的。

事后来看，掩盖不道德行为很容易。大众汽车的"柴油门"丑闻涉及使用被操纵的软件伪造有利的排放值，而这些排放值在现实中是无法真正保持的。丑闻曝光后，在媒体报道、脱口秀和政治声明中，人们对丑闻没有更早地公之于众，以及大众的员工没有及早地引起人们对犯罪行为的关注，以便在更早的阶段消除这些犯罪行为表示惊讶。这种行动将使大众公司、其员工和客户免受极大的损失。虽然确切的细节——谁知道什么、什么时候知道的——到目前为止还没有完全弄清楚，但必须假设，大众公司内部有一大群人一定已经知道了操纵软件的事。尽管如此，在美国国家环境保护局（U.S. Environmental Protection Agency）进行了检测后，这一丑闻才得以曝光。

大众汽车、安然、富国银行（Wells Fargo）[1]和许多其他地方的大公司的丑闻经常在其发展的后期才被人们发现，原因是什么？财务方面的因素在其中至关重要。如果能通过操纵行为获得巨额利润，公司会尽其所能防止这些行为被发现。对那些知道操纵行为并可能揭露这些行为的员工来说，他们对公司的忠诚非常重要。

关于员工为什么既不在内部（通过公司渠道）也不在外部（例如通过媒体）揭露公司的不道德或犯罪行为，还有另一个非常重要的原因。它与这样一个事实有关，即揭露不道德或犯罪行为的人——所谓的举报者——实际上在涉事公司永远不会有前途。不仅如此，其在另一家公司工作的可能性也不大，因为举报者在哪里都不受欢迎。

纽约大学（New York University）的欧内斯托·鲁本（Ernesto Reuben）和哥伦比亚商学院（Columbia Business School）的马特·斯蒂芬森（Matt Stephenson）几年前发表了一篇题为《没有人喜欢一只老鼠》的文章。甚至在大众"柴油门"丑闻事件之前，他们就研究了这样一个问题：为什么公司的不当行为通常没有被举报，也因此没有被制止或制止得太晚？他们的研究深入了解了为什么培养道德行为和揭露不当行为并不容易。

在他们实验性的实验室研究中，鲁本和斯蒂芬森着手组

---

[1] 2016 年，美国富国银行被爆出开设虚假账户以及欺诈用户的丑闻。——编者注

建了多个三人小组，就像工作小组一样。小组成员可以通过提供虚假信息来增加他们从实验中获得的收入，这与操纵行为所获得的收益相对应。小组中的每个成员都可以向总部举报这种提供虚假信息的行为，总部会对违规者进行经济处罚。在一种测试条件下，三名成员中的一名会被小组解雇，必须申请进入另一个小组。这项申请需要得到新小组所有成员的一致同意。该小组的投票是基于其成员获得的信息，即申请人在前一小组中举报不当行为的频率以及他们自己提供虚假信息的频率进行的。

上述实验研究清楚地表明，更频繁地报告不当行为的申请人被纳入新小组的可能性要小得多。诚实并没有获得回报。相反，那些更频繁地提供虚假信息的人更有可能被录用。换句话说，对诚实的坚持和对违规行为的举报降低了一个人在另一个小组找到工作的可能性。

举报——至少在这项实验中——是一个"职业生涯杀手"。如果举报不当行为会让一个人的工作和生计受到威胁，人们就会更容易理解，为什么许多大公司的丑闻很晚才被曝光——如果有丑闻的话。

鲁本和斯蒂芬森的研究还表明，如果另一个工作小组的成员过去经常提供虚假信息，这个小组的成员就会更频繁地拒绝诚实的申请人。值得注意的是，这项研究的结果可以在现实生活中得到证实。哈佛商学院的马克·伊根（Mark Egan）

和他的同事证明，金融顾问市场有相当多的"害群之马"。虽然这些人在违法行为曝光后通常会被解雇，但他们往往会找到新的工作——在那些有不当行为记录的顾问比例已经相当高的公司里。那些已经出现过不当行为的公司（例如，故意给客户错误的建议或欺骗客户），会吸引"害群之马"。

如果其他员工知道举报者是谁，那么举报者在公司里几乎就不再有任何发展前途，因此，近年来许多公司都推出了匿名举报项目。在某些情况下，匿名举报是向第三方（通常是律师事务所）进行的，以进一步降低举报者被曝光的可能性。匿名系统看似会导致更多对于非法行为的举报，但匿名举报系统的引入也产生了意想不到的负面影响。例如，在许多情况下（比人们希望的还要多），一个人可能会通过举报来抹黑同事的声誉，该同事可能是他（她）下一次晋升时的竞争对手。这迫使公司花费大量的时间和金钱来分辨对不法行为的合理举报和不合理的告发。

小结

举报者通常会在媒体上受到赞扬。他们确实为揭露不道德或犯罪行为做出了不可或缺的贡献。然而，典型的人类行为模式导致所谓的举报项目往往效果不佳，因为举报不道德行为的人会被其他员工当作叛徒。

第 46 章
为什么不良的企业文化会让
诚实的人变成骗子

始于 2007 年的金融危机造成的影响至今仍显而易见，这场危机永久性地摧毁了人们对金融业和银行家的信任。承担不受控制的风险、不透明的金融产品设计，以及向客户提供的可疑建议，这些都表明金融行业出现了严重的问题。这和这个行业的企业文化有关系吗？

在德国惊悚片《心室纤颤》（*Ventricular Fibrillation*）中，奥托·舒尔茨（Otto Schultz）是一家生产植入式除颤器公司的高级经理。他在股票市场上损失了 1 亿多美元，因为在以雷曼兄弟（Lehman Brothers）破产为高潮的金融大危机爆发之前，他把所有的钱都投资在所谓的债务抵押债券（collateralized debt obligations，简称 CDOs）上，而这些债务抵押债券在金融危机中突然变得一文不值。为了重新振作起来，奥托·舒尔茨试图通过犯罪活动和投机来弥补自己的损失。装有心脏起搏器的人被杀的事实只是对他造成的附带伤害（对他造成的死亡事件的调查才是惊悚片的实际内容）。关于这个虚构的故事，我们就不再多说了。

在现实中，债务抵押债券造成的附带伤害也是巨大的。简单地说，债务抵押债券本质上是由不可交易或难以交易的股票组成的证券。债务抵押债券出售的不是背后的证券，而是由此产生的现金流，例如，美国中西部一位普通房主偿还的贷款。如果突然有大量房主无法偿还贷款（比如，由于利息上涨），由此造成的结果就是违约，债务抵押债券就会贬值或变得一文不值。由于债务抵押债券的高风险应收贷款被作为安全投资出售，许多人在金融危机中损失了巨额资金，往往还失去了生计。

因此，债务抵押债券和类似的证券被认定为始于 2007 年的金融危机的主要原因之一。令人愤慨的是，许多主要银行仍然在向客户出售大量债务抵押债券，而在银行内部，银行家已经宣布债务抵押债券是高风险的垃圾债券，并指示其下属处理掉自己手中的债务抵押债券投资组合。掌握内幕消息的银行雇员向消息不那么灵通的客户谎报了这些投资的价值。

在近年来进行的关于公众如何看待各种职业的诚实度的调查中，医生和牧师在诚实度名单上排名靠前，而银行家总是排在最后。银行家是不诚实的人吗？还是有其他因素在这里发挥着作用（例如，企业文化）？苏黎世大学（University of Zurich）的恩斯特·费尔（Ernst Fehr）和他的同事们对这个问题进行了深入研究。

他们研究的出发点基于社会学和心理学的知识，即每个人在生活中都扮演着不同的角色。有些人可能是家里的居家男人、乡村足球俱乐部的志愿者，或者银行的客户顾问。不同的角色是由不同的社会规范定义的，这些规范规定了在特定的角色中什么样的行为是合适的。父亲有时会把钱给他的孩子，而银行顾问通常却不会把自己的钱交给客户。这意味着同一个人在不同的情况下必须以不同的方式行事，行事方式的选择取决于他们在特定时刻所扮演的角色。

费尔等人研究了角色认同对诚实和不诚实行为的影响。瑞士一家大银行的 128 名员工参与了这项研究，参与者被随机分为两组。第一组首先要回答几个关于他们的家庭状况和休闲活动的问题，而第二组则被问及他们在银行的职业活动。不同的问题旨在激活参与者的不同角色，进而激活其不同的行为规范。他们是否真的会在不同角色中被激活不同的行为规范，是通过以下方式来衡量的：在回答完问题后，参与者被要求通过在空白处填入字母来将单词补充完整。这里有两个例子："cap＿＿＿" 和 "＿＿＿ney"。第一个词可以被补充为 "captain"（船长；机长），第二个词可以被补充为 "honey"（宝贝；蜂蜜）；或者，它们还可以被补充为 "资本"（capital）和 "货币"（money）。两组参与者在选择与金钱相关词汇的频率上有所不同。被问及有关家庭和休闲问题的小组中有 25% 的人选择了与金钱有关的词汇；而被问及银行活动的小组中有大约 40% 的人选择了与金钱有关的词汇。因此，对不同角色的关注（在家中和在银行里）导致了不同的联想。不同角色带来的影响并没有随着相应联想的停止而结束。

在研究的最后一步，参与者被要求将一枚硬币抛向空中 10 次并接住它，然后报告他们抛出反面的频率。每抛出一次反面，他们会得到 20 美元的报酬。该研究的作者无法看到硬币的抛掷情况，因此参与者没有被强迫如实报告他们的结果。研究发现，被问及银行工作的小组比提供家庭和休闲活动信息的小组报告反面的频率要高得多。两组人抛出反面的概率一定是完全相同的，这意味着被问及其在银行中的角色且其职业规范被激活的参与者撒谎的频率更高。

费尔等人得出的结论是，社会规范在金融行业的企业文化中占主导地位，而且损害了员工的诚实度。因此，企业文化会对人们的行为产生影响，这一见解不仅适用于金融行业，而且适用于所有行业。

小结

企业文化会塑造员工的行为，因为它传达了关于企业期望员工做出何种行为的不成文规则。这就是以道德行为作为规范的企业文化对于员工对待客户的行为如此重要的原因。

第 47 章
为什么有远见的领导者对公司有重大影响

大公司的首席执行官往往备受瞩目，他们收入丰厚，拥有巨大的权力。他们的工作很多，但他们到底把时间都花在了什么地方？正如我们将看到的那样，并非所有人都在做着同样的事情。首席执行官基本上有两种类型，究竟哪种类型对企业的成功更加重要？

我在因斯布鲁克大学工作期间，我的同事戈特弗里德·塔佩纳（Gottfried Tappeiner）曾告诉我，他 10 岁的儿子问他："老板"到底整天都在做什么？这个男孩想知道这个问题的答案，因为"老板"的头衔引起了他的兴趣。塔佩纳的人脉很广，他接受了南蒂罗尔的一位企业负责人的建议，让他的儿子花一整天时间和这位负责人待在一起，学习当老板需要做些什么。我对塔佩纳的儿子表现出的那种兴趣和父亲提供答案的主动性印象深刻。老板通常被视为存在于高层的人，一般人很少见到他们，也很难知道他们在做什么。在与南蒂罗尔的公司负责人相处一天后，塔佩纳的儿子知道了老板要做很多不同的事情：与员工交谈、与供应商和银行谈判、为会议做准备、在公司检查、参加外部的商务晚宴、回复电子邮件（让别人回复），等等。这一天对这个男孩来说是一次冒险，让他详细了解了老板的日常工作。

不仅好奇的孩子们对首席执行官作为老板所做的事情感兴趣，研究人员也是如此，他们想弄清楚为什么首席执行官对于公司至关重要，以及他们的哪些活动与公司的成功有关。奥丽娅娜·班迪耶拉和她的同事调查了六个国家（巴西、德国、法国、英国、印度和美国）1100多位首席执行官的日常生活，并对他们进行了前所未有的详细分析，以识别其行为模式，并探究首席执行官的行为与其公司的成功之间的相关性。

在该研究中接受调查的首席执行官来自制造业，平均年龄51岁，平均管理着1000多名员工，平均每年创造超过2亿美元的收入。在一周的时间里，研究助理每天早上和晚上会给首席执行官本人或其助理打电话，记录他们的日程安排。早上是计划好的日常工作，晚上是实际完成的日常工作，每项工作都以15分钟为单位。研究收集了以下信息：

- 活动类型（例如，会议、商务午餐、公司参观或准备会议所花费的时间）；
- 预约活动的时长；

- 参与者的人数和职位［例如，预约活动是与来自某些领域的内部对话伙伴还是外部人员（如顾问、供应商或客户）进行］。

平均而言，在每周 50 个小时的工作时间里，首席执行官们有 70% 的时间都在与他人交谈（面对面、视频会议或者打电话），其余 30% 用于准备活动和出行。这些平均数掩盖了首席执行官之间存在巨大差异的事实，尤其是在参加会议的频率或参加会议的人数方面。运用统计方法，从大量数据中可以识别出两种类型的首席执行官，他们分别被称为管理型首席执行官和领导型首席执行官。管理型首席执行官举行两人会议的次数相对频繁，更加关注与生产相关的领域，并会相对频繁地访问不同的部门。相比之下，领导型首席执行官在两人以上的会议上花费的时间更多，参会者通常是来自公司不同部门的高管。他们不太关心运营决策，而更关心公司的战略决策。

除其他因素外，与两种类型中任何一种类型的首席执行官会面的机会，取决于公司所涉及的行业。在跨国公司等大企业和研发支出较高的行业中，领导型首席执行官会感觉更自在。一家公司是由管理型首席执行官来领导还是由领导型首席执行官来领导，并不取决于公司在任命现任首席执行官之前的（财务）成功程度。但是，它会影响公司在首席执行

官被任命后的关键指标。领导型首席执行官通常会领导更具
工作效率和盈利能力的企业。平均而言，更好的关键数据会
在大约三年后出现，这意味着领导风格对企业的成功具有中
期影响。

班迪耶拉和她的同事们还强调，研究结果不应被理解为
对所有企业来说，只要有一位领导型首席执行官，它们就会
更加成功。首席执行官的类型需要与公司、企业文化，尤其
是其员工相适应。数据显示，在任命新的首席执行官时，经
常会出现一些摩擦，而且人们的意见缺乏一致性，这些情况
也可以用领导型首席执行官的数量少于管理型首席执行官的
数量这一事实来解释。因此，如果有一位领导型首席执行官，
一家公司可能会发展得更好，但公司最终拥有的往往是一位
管理型首席执行官。位居公司高层的首席执行官的类型对公
司的成功有着重大影响。

小结

不同的首席执行官有着不同的领导和管理风格。有一
些首席执行官可以被称为领导型首席执行官，而另一些则
被称为管理型首席执行官。这两种类型各有利弊，但他们
对企业的成功都有着重大影响。

第 48 章
为什么具备某些特质有助于
一个人成为首席执行官

没有人愿意断言首席执行官是比普通人更好的人，然而，他们确实与其他人不同。某些个人特质和技能有助于一个人从一级经理晋升为公司的首席执行官，这些特质是什么呢？

乔纳森（Jonathan）很兴奋，因为他有可能成为一家大型上市公司的首席执行官，目前正是人选的讨论阶段。与监事会的初步会议进行得很顺利，现在他必须接受一家管理咨询公司的评估。评估是基于一份非常结构化的调查问卷进行的，整个过程要持续四个小时。乔纳森的性格特点以及他的智力和社交能力应该可以在面试中展示得很清楚。如果一切都符合公司的要求，他的任命应该不会有问题。所以这将是他职业生涯的下一步，接下来他将得到人们的认可，获得更大的影响力和大量的金钱。可是，乔纳森想知道，他应该如何在面试中以最好的方式展示自己：一个实干家、战略家、有创造力的人，还是一名知识分子？经过短暂的思考，他把这种战略性的想法放到了一边。在他的整个职业生涯中，当他尽可能真实地展现自己时，就是他表现得最好的时候。这次，他还会这么做。

首席执行官的选择对任何公司来说都是一件非常重要的事，因为他们决定着公司的发展方向，并对公司的未来产生重大影响。大公司投入了大量的时间和金钱来寻找首席执行官，还经常求助于专门分析性格特征和能力概况的顾问。例如，有一家美国的咨询公司，会定期对董事会级别的人或作为其直接下属的高层经理进行评估。每名候选人的评估费用为 20 000 美元或者更多。评估包括半天的面试和一份 20 至 40 页的关于面试和候选人的书面报告。问卷涵盖候选人 30 种不同的品质，涉及五个不同的领域：领导技能、个人性格特征、积极性、社交技能和智力能力。

关于领导技能，候选人会被问及他们是否能够培养员工，例如，他们是否拥有广泛的专业网络，以及他们自己雇用的是顶尖人才还是二流人才。个人性格特征包括正直程度、组织技巧、决断力等。积极性与耐力、热情和个人的工作标准有关。至于社交技能，口头和书面表达自己的能力很重要，处理批评或解决冲突和在团队中分配任务的能力也是如此。就智力能力而言，成绩、所受教育的类型以及分析和创造技能都很重要。

芝加哥大学（University of Chicago）的史蒂文·卡普兰（Steven Kaplan）和哥本哈根商学院（Copenhagen Business School）的莫滕·索伦森（Morten Sorensen）研究了前文中提到的那家咨询公司所做的 2600 份评估，分析哪些品质最有可能帮助某个人进入董事会甚至担任董事长。这些评估是在 2001 年至 2013 年间进行的。大约有三分之一的评估针对的是首席执行官职位，其余的评估针对的是其他董事会职位或董事会级别以下的直属管理职位。卡普兰和索伦森从评估涉及的 30 种性格特征中分析并确定了四个因素：通用能力、做事能力、个人魅力和战略思维。

这 2600 名候选人本身就已经属于一个精挑细选、受教育程度高于平均水平、异常成功的群体。尽管如此，那些有资格或实际成为首席执行官的人显然与其他人不同。一个被列为首席执行官候选人的人在上述四个因素上的得分都远高于其他人：这样的人有更高的智力和更好的社交素质，能把事情做好，更有个人魅力，而且处理任务更有策略性。一个公司在实际任命首席执行官时，主要寻找的是具有更强的技能、更大的魅力和战略思维方式的候选人。在这一点上，把事情做好并没有那么重要。相比之下，人际交往能力的重要性正在逐渐增加，它不仅意味着"实干家的品质"，而且还意味着与人打交道时的谨慎、尊重和同理心。

卡普兰和索伦森研究的另一个值得关注的细节是，在四个因素中得分与男性同样高的女性被任命为首席执行官的可能性仍然低于男性。对此，公司高层对女性的歧视是一个不可忽视的因素。这些发现支持了对大公司高管实行性别配额的呼吁。

小结

通往公司高层的道路是漫长的，某些技能和性格特征在帮助一个人走向高层的道路上必不可少。通常，首席执行官的特点是具备做事能力、个人魅力、高认知能力和解决问题的战略方法。

第 49 章
为什么领导者的耐心是公司发展的关键

让一家公司取得成功需要长远的眼光，一切都始于管理。但耐心很重要——不仅对高管而言。

500 名企业家坐在奥地利蒂罗尔州泰尔夫斯一个灯光明亮的演讲厅里，全神贯注地聆听着来自因斯布鲁克大学的讲师库尔特·马茨勒（Kurt Matzler）的演讲。马茨勒的演讲内容是蒂罗尔的企业家是否足够耐心和自律。观众被他的演讲深深吸引住了——这是为什么呢？你可能会认为，对企业家来说，还有许多比耐心和自律更让他们兴奋的话题。库尔特·马茨勒引用了 2014 年对蒂罗尔州的 259 家公司进行的一项（未发表的）调查中的数据。该调查对企业所有者、董事会成员和常务董事进行了访谈，并询问了他们对以下陈述的认同程度：

⦿ "我希望自己能更加自律。"
⦿ "我善于抵制诱惑。"

◉　"我善于朝着长期目标努力。"

对这些陈述认同程度的选择采用五级量表的形式，量表共有"非常同意""同意""一般""不同意""非常不同意"五个等级。除了这些关于个人素质的问题外，调查还收集了与其企业的创新活动和盈利能力有关的数据。调查的目的是探究高层管理人员的个人态度与其公司的成功之间有无联系。

在蒂罗尔州的这些公司中进行调查的动机源于我自己研究中的一项核心信息，即不管是什么让其公司取得成功，耐心和一个人的成功之间有什么联系。我的核心信息简明扼要：耐心和自律对于培训、职业成功和个人健康非常重要。可以说，它们与智商或家庭背景同等重要。

我最初是在与马丁·科赫尔、丹妮拉·格莱茨勒－吕茨勒和斯特凡·特劳特曼进行的一项研究中意识到这些因果关系的。在该研究中，蒂罗尔州的近 700 名年龄在 10 至 18 岁之间的年轻人被要求在以下两种情况之间做出选择：立即获得一笔金额较少的钱，或是在几周后获得一笔金额较多的钱。例如，他们可以立即获得 10.10 美元，或者在大约三周后获得 11.50 美元。在行为经济学中，这样的决策场景经常被用来衡量实验参与者的耐心和自我约束水平——他们是否具备为了一个未来更好的选择而放弃一个近在眼前但不太好的选择的能力（我已经在第 13 章中提到了一项类似的研究）。我们在蒂罗尔州的研究表明，那些更愿意等待在未来获得更多钱的年轻人，他们的成绩更好，表现出的行为问题更少（通过他们受到的纪律处分来衡量），吸烟和饮酒的可能性更低，而且很可能会存下一些零用钱。

其他研究（例如来自新西兰、美国和瑞典的研究）也得出了类似的结论。平均而言，更有耐心和具备更高自律水平的人受教育的程度更高（即使考虑到智商因素），赚的钱更多，更加健康（出现超重、吸烟和饮酒的情况较少，体育锻炼较多），成为罪犯的可能性也明显更低。

大量研究表明，一个人的自我约束能力，即抵制短期诱惑以实现未来更高目标的能力，提高了其在个人层面上获得成功的可能性。那么，在公司层面上呢？让我们回到之前提到的库尔特·马茨勒的研究项目。研究结果发现，在 259 家蒂罗尔州的公司中，平均而言，那些其高管认为自己更自律、更面向未来的公司更具备创新性，其盈利能力（即投资回报率）也更强。鉴于大量的研究在个人层面上考察了自律与成功之间的联系，这样的研究结果是有道理的。当然，库尔特·马茨勒的研究仍然存在一个悬而未决的问题——是盈利能力和创新能力更强的公司雇用了更有耐心的管理者，还是更有耐心的管理者将公司转变为盈利能力和创新能力更强的公司？无论如何，这种关系表明，管理者的耐心和面向未来的思维对公司是有帮助的。

小结

公司的成功依赖全体员工的努力。董事会成员和常务董事的个人素质在公司的创新和盈利能力方面发挥着一定的作用，因为这些素质会对公司的重要战略决策产生很大影响。拥有更多有耐心的董事会成员和常务董事的公司，会更加成功。

第 50 章
为什么领导者需要富有个人魅力

史蒂夫·乔布斯（Steve Jobs）可能是最有名的魅力型领导者。他有远见、有说服力、有魅力、能激励人。人们普遍认为苹果公司的成功归功于乔布斯的个人魅力，但魅力真的是一个有价值的生产要素吗？它对工作效率的影响到底能不能进行衡量？瑞士的研究人员对此进行了探索。

　　尽管人们普遍认同史蒂夫·乔布斯的个人魅力，但事实上，几乎不可能使用针对领导者开展的案例研究来评估，一家特定的公司在一个不那么有魅力的领导者的领导下会如何发展——因为没有与事实相反的情况可供比较。相比之下，实验研究可以改变领导者的魅力程度及其对员工工作表现的影响。这正是由瑞士洛桑大学（Lausanne University）的克里斯蒂安·策恩德（Christian Zehnder）领导的瑞士研究人员所做的一项研究。

　　策恩德等人对魅力演讲对员工工作效率的影响很感兴趣。

在研究中，员工们被要求以写信的形式为一家儿童医院募捐。他们的任务是把各种物品装进一个大信封里，写好信，然后把它们和装好的信封一起放进一个大盒子里。在执行这项任务之前，一位训练有素的演员向员工们解释了如何完成这些信件，这位演员用两个不同的版本进行了解释。在第一个版本中，演员（员工们不知道他是演员）用中性的语气解释了完成这项任务所有必要的步骤，并强调了募捐是为了一项会带来好处的事业而开展的。我把这个版本称为中性演讲。在第二个版本中，演讲的基本内容不变，但演员使用魅力演讲的相关技巧丰富了演讲的内容，这些技巧包括：支持性的非语言交流，隐喻、轶事和反问句的使用，以及用三个论点分别对关键步骤进行扩充。演讲的伦理背景保持不变，但总体而言，这项任务的重要性以一种更加生动和令人信服的方式被呈现出来。我把这个版本称为魅力演讲。

这项研究雇用了 100 多名员工，他们具体负责完成捐赠活动约 3 万封信件的填写任务。第一组参与者（约三分之一的员工）听的是中性演讲，他们工作三个小时的固定报酬约为 25 美元，该报酬与他们完成的信件数量无关。第二组参与者（也是大约三分之一的员工）听的也是中性演讲，但他们一旦填完了 220 封信件，除固定报酬外，每多填完一封信件还会额外收到大约 0.15 美元的报酬。第三组参与者听的是魅力演讲，和第一组人一样，他们得到的也是大约 25 美元的固定报酬，它同样与其完成的信件数量无关。比较第一组（中性演讲）和第三组（魅力演讲）员工的产出，可以衡量出魅力演讲对员工的工作效率产生的影响。然后，可以将这种影响与第二组进行比较，对第二组来说，更高的工作产出可以带来额外的经济激励。

研究结果几乎没有留下任何令人怀疑的余地。魅力演讲使第三组员工的工作产出增加了约 17%（与第一组的工作产出相比）。这意味着员工完成每封信件的成本几乎下降到了与其增加的工作产出相同的程度（18%），从接受捐款的这家儿童医院的角度来看，这是十分有益的。与第一组相比，额外的经济激励措施让第二组员工的工作产出提高了约 20%。虽然这样的增长在意料之中，但它与第三组的对比仍然令人惊讶。魅力演讲增加了员工 17% 的产出，而（中性演讲条件下）额外的经济激励增加了员工 20% 的产出，二者之间的差异在统计学上是无法区分的。这意味着，一场有魅力的演讲，其话语在最真实的意义上物有所值。换句话说，对任务进行富有魅力的解释与对更高的工作产出发放额外报酬具有相同的激励作用。

克里斯蒂安·策恩德和他的同事们是最先正确揭示这种

效应的人。至于魅力演讲对工作效率的影响是否能长期持续，该研究尚无定论。在 3 万封捐赠信全部寄出后，该研究项目结束。无论如何，研究表明，（领导者的）魅力对公司来说是有价值的。

小结

　　人员管理是高管们最重要的任务之一。富有魅力的领导者会激励员工提高工作效率（即使是在薪酬不变的情况下）。

附录
给心急读者的所有小结

———————

为了完善这本书，你可以在这里找到本书 50 章中每一章的小结。每个小结都参考了相关章节中所涉及的分析情况和研究。

第 1 章 人们普遍认为，工资数额取决于人们的工作技能和以往的工作经验。但至少对男性来说，身高也会对工资产生影响。个子较高的人在十几岁时会建立更大的社交网络，习得更多的社交技巧。这让他们在以后的人生中能得到更高的工资。

第 2 章 如果女性担任负责人职位的比例已经相对较高，那么在求职面试中，男性对女性的评价就会变得更加负面。因此，如果女性在员工遴选小组中所占人数较多，往往会给女性应聘者带来某种不利的影响。

第 3 章 居家办公在许多情况下可以提高工作效率、增加工作满意度，因为它有助于维持生活和工作之间的平衡，同时消除日常通勤的麻烦。然而，居家办公也会带来风险，即晋升的可能性会变小，因为员工在家里建立人际关系网比在公司里要困难得多。

第 4 章　工作环境越复杂，社交技能就越有价值，因为工作越来越需要一个人能有效协调团队成员，满足他们的不同需求和想法，并解决矛盾冲突。这些技能越来越多地得到劳动力市场的回报，并带来更好的职业机会和更高的薪水。

第 5 章　社交网络可以帮助你开启职业生涯，因为劳动力市场上宝贵的就业机会是通过社交网络传递的。强关系格外有用，但其数量比弱关系要少得多。培训人们熟练使用社交网站可以显著增加其就业机会。

第 6 章　帮助失业者找工作的通常做法始于提供具体的职业技能培训。而行为经济学的替代做法则基于这样的发现，即详细的日程安排和代理人与求职者之间的互惠关系至关重要。求职者在寻找新工作时应该考虑这一点。

第 7 章　在求职申请过程中，遴选小组成员会对不同的候选人进行比较。出场顺序起着至关重要的作用，因为在没有人随后出场的情况下，较早出场的候选人比较晚出场的候选人获得良好评价的可能性更小，这就是在面试过程接近尾声时参加面试会更加有利的原因。

第 8 章　在寻找新工作时，你必须投入大量的时间，并且能够承受被拒绝的结果。没有耐心的人很难应对这些事情，这就是他们要比那些更有耐心、更有远见的人花更长的时间才能找到一份新工作的原因。

第 9 章　许多初创公司几年后就从市场上消失了，这些公司的存续时间与其员工的性别构成有关。如果初创公司中女性员工所占的比例明显低于行业平均水平，那么其存续时间就会缩短。女性员工所占的比例低于平均水平，可能表明该公司在人员遴选方面存在扭曲和偏见。

第 10 章　填补空缺职位的成本很高，因此许多公司会请在职员工为某个职位或某个团队推荐合适人选。通过推荐计划让在职员工参与公司事务，可以提高他们的工作满意度，并且延长他们在公司任职的时间。

第 11 章　人类的决策行为容易出现错误和扭曲。计算机算法有助于人力资源经理从大量申请中识别出最佳候选人。因此，把机器推荐纳入考虑范围，可能会改善公司的人员选拔情况和员工在公司的任职时长。

第 12 章　对公司的忠诚度本身就意味着一个人的忠诚度。人力资源经理经常将频繁的工作变动与较低的忠诚度和较低的可靠性联系在一起。这就是为什么，如果一个人想换工作，而倘若这个人过去在许多不同的公司工作过，他获得新职位的概率就会减小。

第 13 章　人们的日常工作压力很大，而新的挑战又会经常出现。某些个人品质可以帮助你在面对挑战时不会太快放弃，而是选择去面对它并坚持下去。拥有耐心、能做长远考虑便是这样的两种宝贵品质。

第 14 章　一个人的薪酬数额是被保守得最好的秘密之一。对许多人来说，这是薪酬方面存在性别差异的原因之一，也是一些员工要求提高薪酬透明度的原因。如果提高行政部门高级职位人员的薪酬透明度，实际上会缩小最高薪酬和最低薪酬之间的差距，但也会使得填补高级职位空缺变得愈加困难。

第 15 章　管理者和员工之间的关系会影响工作氛围和员工的工作效率。管理者的歧视行为会导致员工的工作表现变差，即使歧视仅表现为管理人员与某些员工的接触减少。

第 16 章　从传统观点来看，在权衡一个给定决策的利弊时，诸如高温、湿度等外部因素并不会发挥作用。而实际上，这些因素也会对人类决策产生可以衡量的影响，因为它们会影响人们的情绪和对风险的偏好。

第 17 章　如今，在谈及员工的工作绩效时，人们期望管理人员能够以透明的方式就他们对员工的工作期望进行沟通，以提供定期反馈、促进员工的职业发展，并且提供指导和建议。具备这些技能的人能够更好地"管理"员工，从而减少员工流失，提高他们的工作满意度。

第 18 章　在许多行业，客户对产品及其质量的了解远少于出售这些产品的公司。这就是为什么员工的可信度在公众对某个行业的看法中起着至关重要的作用，而招聘程序应该考虑到这个因素。

第19章 社会规范影响着人们在不同情况下做出的决策。一些被视作恰当的行为会影响其他人的行为，在职业生活中也是如此。在这种情况下，一个人的行为能否被别人观察到，是非常重要的。如果能被观察到，此人的工作表现会与那些能够观察到自己的同伴趋同。

第20章 越来越多的公司正致力于拥有明确的企业使命，并创建一系列它们承诺的价值观。但是，如果公司的员工不认同该使命，其工作表现就会因为缺乏动力而受到负面影响。

第21章 工作团队依赖于每位成员为团队成功所付出的努力。人们对他人合作的期待和感知越多，合作就越频繁。这种有条件的合作意味着，拥有许多善于与他人合作的成员，在总体上会使团队更加成功、更富有成效。

第22章 在工作团队中，各种任务必须尽可能高效地分配给单个成员，才能使团队取得成功。当所有团队成员对任务的分配都有发言权时，成员的积极性就会提高，合作效果也会得到提升。

第23章 人们会模仿那些在他们生活中重要的人的行

为。这种模仿倾向使公司中的领导力变得至关重要。如果高管们不是说说而已，而是付诸行动，员工们也会效仿他们。

第 24 章　如果其他成员会进行合作，那么团队中的许多人都会合作。这种有条件合作的人类特性使得树立一个好的榜样成为提高团队工作效率的重要工具。

第 25 章　行为经济学家发现，与男性相比，女性通常更不愿意与他人竞争，这对男女两性的职业生涯都会产生影响。配额制度可以激励最合适的女性参与竞争，从而增加她们晋升的机会。人们对不合格的"配额女性"的担忧与经验证据不符。

第 26 章　与他人竞争的意愿对人生前期的培训和职业决策有着重要影响。更有竞争力的人倾向于选择以后能让他们赚更多钱的职业，并且他们更有可能申请竞争会在其中发挥作用的工作。

第 27 章　男女两性在竞争意愿上的性别差异有助于解释劳动力市场上存在的性别差异。但男性和女性在竞争意愿方面存在差异，这不仅体现在成年时期，而且在幼儿期就已经很明显了。这与儿童的家庭有关，并且对儿童有长期影响。

第 28 章　我们的行为是由我们成长和做事的文化塑造的，因此，对男性和女性行为的期望也受到文化的制约，这对劳动力市场产生了极为重大的影响。

第 29 章　对于男性平均收入高于女性这一事实的解释有很多，而且是多方面的。某些性别差异可以归因于男性在薪酬谈判中比女性更加自信，要求加薪的频率也更高。但是，当薪酬可以进行协商这一事实得到明确时，薪酬谈判中的这些性别差异就会消失。

第 30 章　公司高层中的女性人数一直在缓慢上升，而她们在最高管理层中不断增加的人数产生了令人印象深刻的结果。女性担任董事或首席执行官会对公司的薪酬分配情况和工作效率产生一定影响。

第 31 章　在公司里，并不是员工的每一个工作步骤或每一个决定都能受到监督。这就是信任对有效协作如此重要的原因。一个社会的信任程度与其经济繁荣程度相关。

第 32 章　一定程度的监督不会损害雇主与雇员之间的关系，监督机制只有在长期应用时才会破坏信任。如果存在监督的可能性，但雇主较少使用它，并提前给予雇员信任，那么雇主和雇员之间的相互信任关系就会得到加强。

第 33 章　人们不仅仅关心他们自己。这意味着公司对待其他人的方式对员工个人的行为和工作绩效而言至关重要。即使员工没有直接受到不公平行为的影响，雇主的不公平行为也会对员工的积极性和工作效率产生负面影响。

第 34 章　诉诸公平有助于在公司和客户之间建立良好的

关系。如果沟通得当，对公平的呼吁会产生一种积极的"礼尚往来"精神，从而提高客户的支付意愿。

第35章　过去，人们普遍认为，更高的薪酬会让员工做出更好的决策。然而，更高的薪酬可能会成为一种负担，甚至会阻碍员工的认知过程。因此，如果为了获得好的决策而支付更多的钱，决策本身并不会自动变得更好。

第36章　如果难以衡量团队成员个人对整个团队产出的贡献，公司可以引入团队奖金制度。团队奖金制度会提高整个团队的绩效，因为工作流程会得到更好的协调，员工的工作效率也会提高。

第37章　发放奖金旨在激励员工更好地工作。然而，如果奖金发放方式偏离了被看作公平分配奖金的参照点，则可能会带来相反的后果。如此一来，它们就会对员工的工作满意度和工作效率产生负面影响。

第38章　大多数大公司都有相对薪酬方案，在这些方案中，员工的产出越多，报酬就越高。然而，一旦这种制度违反了公平的原则，员工的产出就可能会减少而不是增加。

第39章　当公司采用相对薪酬方案时，该方案会给员工带来强烈的激励，让他们在工作中承担更大的风险，以便能够超越他人。在极端的情况下，这可能会毁掉整个公司。

第40章　公司的运转依赖人与人之间的良好合作。如果一名员工因自己被认为比其他人工作效率更高而能赚更多的钱，这种相对薪酬体系就会为故意妨碍他人努力的人创造行事动机。

第41章　市场的特点是效率高。与个人单独行动相比，基于市场的行动会使人们更加缺乏道德。无论是公司个体还是整个社会，都必须考虑到这一点。

第42章　日常工作中的许多情况都涉及道德层面。人们如何平衡道德和经济利益，取决于他们的行为对自己和他人的影响。不道德行为发生的频率取决于这种行为的成本和收益。

第43章　在公司丑闻被曝光后，许多人都在问，这种不当行为是如何在这么长的时间内都没有被发现的。人类的感知主要建立在将现在与过去的经验进行比较的基础上，如果不道德行为在较长一段时间内逐渐增多，人们就很难发现它，因为它不太可能被注意到。

第44章　公司可以通过适当的激励措施，引导员工朝着其期望的方向做出决策。商定目标并允许员工按照自己的意愿行事，这样的社会激励可以帮助公司实现目标。

第45章　举报者通常会在媒体上受到赞扬。他们确实为揭露不道德或犯罪行为做出了不可或缺的贡献。然而，典型的人类行为模式导致所谓的举报项目往往效果不佳，因为举报不道德行为的人会被其他员工当作叛徒。

第 46 章　企业文化会塑造员工的行为，因为它传达了关于企业期望员工做出何种行为的不成文规则。这就是以道德行为作为规范的企业文化对于员工对待客户的行为如此重要的原因。

第 47 章　不同的首席执行官有着不同的领导和管理风格。有一些首席执行官可以被称为领导型首席执行官，而另一些则被称为管理型首席执行官。这两种类型各有利弊，但他们对企业的成功都有着重大影响。

第 48 章　通往公司高层的道路是漫长的，某些技能和性格特征在帮助一个人走向高层的道路上必不可少。通常，首席执行官的特点是具备做事能力、个人魅力、高认知能力和解决问题的战略方法。

第 49 章　公司的成功依赖全体员工的努力。董事会成员和常务董事的个人素质在公司的创新和盈利能力方面发挥着一定的作用，因为这些素质会对公司的重要战略决策产生很大影响。拥有更多有耐心的董事会成员和常务董事的公司，会更加成功。

第 50 章　人员管理是高管们最重要的任务之一。富有魅力的领导者会激励员工提高工作效率（即使是在薪酬不变的情况下）。

关于作者

————————

马蒂亚斯·祖特尔在位于波恩的马克斯·普朗克集体商品研究所担任所长一职，是实验经济学小组的负责人。此外，他还在科隆大学和因斯布鲁克大学担任实验经济研究教授。马蒂亚斯·祖特尔在完成神学专业的本科学业后，又前往因斯布鲁克大学学习经济学，毕业后留校任教并获得了教授资格。随后，他又在位于耶拿的马克斯·普朗克经济研究所担任研究小组负责人。他在哥德堡和佛罗伦萨的欧洲大学研究所（the European University Institute）也担任过教授。

马蒂亚斯·祖特尔出生于奥地利。他是德语区最高产的经济学家之一，发表过 130 多篇接受了同行评议的论文［刊登过他作品的期刊包括《科学》《自然通讯》（Nature Communications）《美国经济评论》（American Economic Review）《经济学季刊》（Quarterly Journal of Economics）以及《政治经济学杂志》（Journal of Political Economy）］，他的研究领域有：儿童和年轻人经济偏好的发展、团队决策的优势，以及职业生活中的行为经济学。

　　他凭借畅销书《耐心比天赋更重要：陪孩子走向最美的未来》（*Die Entdeckung der Geduld*）（2018 年第二版）为更多的德国公众所熟知，这使他成为许多脱口秀节目、广播节目和报纸文化娱乐版块的嘉宾。马蒂亚斯·祖特尔是一位在企业和公共组织中备受追捧的演讲者。在大学期间当演员的经历让他受益匪浅。在因斯布鲁克大学的工作室舞台上，他曾担任蒂罗尔州立剧院（the Tyrolean State Theatre）排演的歌德戏剧《托尔夸托·塔索》（*Torquato Tasso*）的主角。但他认为演艺事业风险太大（而且自己没有足够的天赋），所以选择了学术生涯。直到今天，他一直满怀激情地从事着学术研究事业。